i libri dello spirito

***** BIBLIOTECA UNIVERSALE

collana diretta da don Luigi Giussani

Dio si è fatto uomo.
L'imprevedibile è diventato un avvenimento
reale: Dio si è fatto compagno agli uomini,
così che la vita possa non essere vana.
Nell'incontro con questo fatto storico
la ragione, la volontà e l'affettività umane
sono provocate a realizzarsi, a compiersi
secondo tutta l'ampiezza del loro desiderio di
giustizia, di bontà e di felicità. Lo spirito
cristiano è l'umanità di persone stupite e
commosse da questo avvenimento.
Questi testi ne sono una documentazione
particolare, specie dove le parole scavano nei
fatti e nei cuori con tutta l'energia della
grande arte.

Si tratta di romanzi, saggi e testi di poesia non
facilmente reperibili e che hanno comunque
lasciato segno in chi li ha accostati. Perché in
essi si mostra, con varia genialità e secondo
diverse prospettive storiche e psicologiche,
uno spirito cristiano impegnato a scoprire e a
verificare la ragionevolezza della fede dentro
le circostanze della vita. Un'umanità, cioè, che
realizza la sua passione per l'esistenza e la sua
adesione al dramma della vita con un
realismo e una profondità altrimenti impossibili.

Giacomo Leopardi

Cara beltà...

poesie

introduzione di LUIGI GIUSSANI
postfazione di MARIO LUZI

Biblioteca Universale Rizzoli

Proprietà letteraria riservata
© 1996 R.C.S. Libri & Grandi Opere S.p.A., Milano

ISBN 88-17-11132-5

prima edizione: maggio 1996
terza edizione: luglio 1996

NOTA DI EDIZIONE

Questa antologia leopardiana, ennesima nella già gran copia di edizioni, intende innanzitutto dare l'opportunità di accostare il grande di Recanati attraverso l'autorevolezza di lettura espressa nella Introduzione e nella Postfazione.

Felice, infatti, è l'occasione di aver riuniti in un testo gli interventi di monsignor Luigi Giussani e del poeta Mario Luzi, i quali espongono le ragioni ancora attuali della loro lunga e meritevole frequentazione leopardiana, ciascuno secondo la propria prospettiva e il proprio temperamento.

I loro due testi provengono da discorsi ancora inediti tenuti entrambi a Recanati: quello di monsignor Giussani nel settembre del 1982, quello di Luzi nel gennaio del 1996.

Offrendo al lettore questa raccolta, breve ma ricca, siamo sicuri di offrire ragioni adeguate a comprendere perché la lettura di Leopardi costituisce, fuori da ogni attuale dogmatismo culturale, un passaggio di grande importanza in un'ideale biblioteca di «libri dello spirito cristiano».

Introduzione

LA COSCIENZA RELIGIOSA
DI FRONTE ALLA POESIA DI LEOPARDI

Molti anni fa mi sarebbe sembrato un sogno parlare di Giacomo Leopardi a Recanati, ora invece mi è di umiliazione. So di non essere un «esperto» e di non potere perciò trattare la sua figura e le sue opere dal punto di vista letterario, storico ed estetico. Ma gli impegni della vita, in questi anni, non mi hanno mai escluso dalla familiarità di rapporto con la sua opera, e credo di aver mantenuto sempre fede al proposito giovanile di ripetermi qualche sua poesia tutti i giorni, avendole imparate tutte a memoria in terza ginnasio, tra i dodici e i tredici anni.

Dunque se il mio parlare non è un inganno questa sera, qui di fronte a voi, è soltanto perché, cedendo alle insistenze degli amici che mi onoro di avere a Recanati, non vuole essere altro che una testimonianza: una testimonianza al dramma di Leopardi, anche da me riconosciuto.

Infatti non è di Giacomo Leopardi che questa sera io parlerò, ma è con Giacomo Leopardi che vorrei parlare.

Ho letto, qualche giorno fa, nei diari di Kafka questa frase: «Oh, possedere qualcuno che abbia questa comprensione, non so, una donna, vorrebbe dire essere sostenuto da ogni parte, avere Dio»[1].

Questa frase mi sembrò bene adattarsi anche al destino drammatico della vita del nostro poeta. Iniziando il dia-

---

[1] F. Kafka, *Diari*, Oscar Mondadori, Milano 1993, p. 518 (4 maggio 1915: «Per quanto poco io sia, qui non c'è nessuno che abbia comprensione di me nel mio complesso. Oh, possedere...»).

logo con lui, il primo pensiero che mi echeggia nell'animo è questo: Giacomo Leopardi ha vissuto in un modo altissimo e drammatico la sproporzione dell'uomo di fronte alla realtà nella sua interezza. Il sentimento di questa sproporzione è per Giacomo Leopardi il contenuto di una sublimità del sentire: la sublimità del sentire nell'uomo è densa dell'emozione, dello struggimento e anche della distruzione che questa esperienza di sproporzione, del proprio piccolo punto di fronte alla totalità del reale, produce. Nei suoi libri vi sono pensieri sulla noia assai incisivi e belli. Ne leggo uno dallo *Zibaldone*: «Niuna cosa maggiormente dimostra la grandezza e la potenza dell'umano intelletto, né l'altezza e nobiltà dell'uomo, che il poter l'uomo conoscere e interamente comprendere e fortemente sentire la sua piccolezza. Quando egli considerando la pluralità de' mondi, si sente essere infinitesima parte di un globo ch'è minima parte d'uno degl'infiniti sistemi che compongono il mondo, e in questa considerazione stupisce della sua piccolezza, e profondamente sentendola e intentamente riguardandola, si confonde quasi col nulla, e perde quasi se stesso nel pensiero della immensità delle cose, e si trova come smarrito nella vastità incomprensibile dell'esistenza; allora con questo atto e con questo pensiero egli dà la maggior prova possibile della sua nobiltà, della forza e della immensa capacità della sua mente, la quale, rinchiusa in sì piccolo e mènomo essere, è potuta pervenire a conoscere e intender cose tanto superiori alla natura di lui, e può abbracciare e contener col pensiero questa immensità medesima della esistenza e delle cose. Certo niuno altro essere pensante su questa terra giunge mai pure a concepire o immaginare di esser cosa piccola o in sé o rispetto all'altre cose, eziandio ch'ei sia, quanto al corpo, una bilionesima parte dell'uomo, per nulla dire dell'animo. E veramente quanto gli esseri più son grandi, quale sopra tutti gli esseri terrestri sì è l'uomo, tanto sono più capaci della conoscenza e del sentimento della propria piccolezza. Onde avviene che questa conoscenza e questo sentimento anche tra gli uomini sieno infatti tanto maggiori e più vivi, ordinari, continui e pieni, quanto l'individuo è di maggiore e più alto e più capace intelletto ed ingegno. (12 agosto, dì di Santa Chiara, 1823)»[2].

È pascaliano nella sua grandezza di sentimenti! Ma ognuno, credo, conosce bene la sofferta percezione di sproporzione, di piccolezza e di fragilità totale di fronte al tempo e allo spazio, di fronte all'universo che è propria dell'animo di Giacomo Leopardi.

Credo che il brano poetico più chiaramente espressivo dei fattori in gioco in questo grido, in questa meditazione che diventa grido, sia *Sopra il ritratto di una bella donna scolpito nel monumento sepolcrale della medesima*.

Questa poesia è sempre stata per me importantissima, fin da quando fui aiutato a compiere un certo accostamento tra il testo di Leopardi e una certa pagina del vangelo di san Giovanni: la cosa mi fece improvvisamente mutare tutto l'orizzonte e il clima del mio rapporto con questo grandissimo poeta.

Mi permetto di leggerla per intero perché, come ho detto, la mia, questa sera, vuole essere semplicemente la testimonianza di una coscienza religiosa di fronte al dramma di Leopardi:

> *Tal fosti: or qui sotterra*
> *polve e scheletro sei.*
> *Su l'ossa e il fango*

[2] G. Leopardi, *Zibaldone di pensieri*, Mondadori, Milano 1937 (1994), pp. 851-852.

immobilmente collocato invano,
muto, mirando dell'etadi il volo,
sta, di memoria solo
e di dolor custode, il simulacro
della scorsa beltà. Quel dolce sguardo,
che tremar fe', se, come or sembra, immoto
in altrui s'affisò; quel labbro, ond'alto
par, come d'urna piena,
traboccare il piacer; quel collo, cinto
già di desio; quell'amorosa mano,
che spesso, ove fu porta,
sentì gelida far la man che strinse;
e il seno, onde la gente
visibilmente di pallor si tinse,
furo alcun tempo: or fango
ed ossa sei: la vista
vituperosa e trista un sasso asconde.

Così riduce il fato
qual sembianza fra noi parve più viva
immagine del ciel [...]

Al di là di tutta quanta la notizia storica e l'analisi esegetica, che possono servire a commentare l'esito mirabile di questo genio, il fondo del suo cuore sta in questa esclamazione che pone e non elimina l'interrogativo:

[...] *Misterio eterno*
dell'esser nostro. Oggi d'eccelsi, immensi
pensieri e sensi inenarrabil fonte,
beltà grandeggia, e pare,
quale splendor vibrato
da natura immortal su queste arene,
di sovrumani fati,
di fortunati regni e d'aurei mondi

*segno e sicura spene
dare al mortale stato:
diman, per lieve forza,
sozzo a vedere, abominoso, abbietto
divien quel che fu dianzi
quasi angelico aspetto,
e dalle menti insieme
quel che da lui moveva
ammirabil concetto, si dilegua.*

*Desiderii infiniti
e visioni altere
crea nel vago pensiere,
per natural virtù, dotto concento;
onde per mar delizioso, arcano
erra lo spirto umano,
quasi come a diporto
ardito notator per l'Oceano:
ma se un discorde accento
fere l'orecchio, in nulla
torna quel paradiso in un momento.*

*Natura umana, or come,
se frale in tutto e vile,
se polve ed ombra sei, tant'alto senti?
Se in parte anco gentile,
come i più degni tuoi moti e pensieri
son così di leggeri
da sì basse cagioni e desti e spenti?*

Questa è l'origine della mia emozione per Leopardi. E fu tanta questa emozione che per un periodo della mia vita io recitai brani delle sue poesie come ringraziamento alla Santa Comunione. Infatti, questo poeta sottolinea e grida, descrive e comunica in un modo così potente l'interrogativo che costituisce il cuore o, come vedremo, la ragione dell'uomo, che tutta la risposta negativa, dedotta da lui con attenzione serissima dalla cultura sensistica allora dominante, io l'ho sempre sentita come appiccicaticcia, esteriore, cerebrale e totalmente estranea a quel mirabile interrogativo, che lo stesso ci fa alzare ogni mattina. Come dice anche nel *Canto notturno di un pastore errante dell'Asia*:

> [...]
> *Sorge in sul primo albore;*
> *move la greggia oltre pel campo, e vede*
> *greggi, fontane ed erbe;*
> *poi stanco si riposa in su la sera:*
> *altro mai non ispera.*
> *Dimmi, o luna: a che vale*
> *al pastor la sua vita,*
> *la vostra vita a voi? dimmi: ove tende*
> *questo vagar mio breve,*
> *il tuo corso immortale?*
>
> *Vecchierel bianco, infermo,*
> *mezzo vestito e scalzo,*
> *con gravissimo fascio in su le spalle,*
> *per montagna e per valle,*
> *per sassi acuti, ed alta rena, e fratte,*
> *al vento, alla tempesta, e quando avvampa*
> *l'ora, e quando poi gela,*
> *corre via, corre, anela,*
> *varca torrenti e stagni,*
> *cade, risorge, e più e più s'affretta,*
> *senza posa o ristoro,*
> *lacero, sanguinoso; infin ch'arriva*
> *colà dove la via*
> *e dove il tanto affaticar fu volto:*

> *abisso orrido, immenso,*
> *ov'ei precipitando, il tutto obblia.*
> *Vergine luna, tale*
> *è la vita mortale.* [...]

E mi ritorna in mente *La sera del dì di festa*, quando con ansia tesa va al ricevimento, e con delusione, non essendo stato guardato da colei che avrebbe voluta, disperato ritorna a casa:

> [...] *e qui per terra*
> *mi getto, e grido, e fremo. Oh giorni orrendi*
> *in così verde etate! Ahi, per la via*
> *odo non lunge il solitario canto*
> *dell'artigian, che riede a tarda notte,*
> *dopo i sollazzi, al suo povero ostello;*
> *e fieramente mi si stringe il core,*
> *a pensar come tutto al mondo passa,*
> *e quasi orma non lascia. Ecco è fuggito*
> *il dì festivo, ed al festivo il giorno*
> *volgar succede, e se ne porta il tempo*
> *ogni umano accidente. Or dov'è il suono*
> *di que' popoli antichi? or dov'è il grido*
> *de' nostri avi famosi, e il grande impero*
> *di quella Roma, e l'armi, e il fragorio*
> *che n'andò per la terra e l'oceano?*
> *Tutto è pace e silenzio, e tutto posa*
> *il mondo, e più di lor non si ragiona.*
> *Nella mia prima età, quando s'aspetta*
> *bramosamente il dì festivo, or poscia*
> *ch'egli era spento, io doloroso, in veglia,*
> *premea le piume; ed alla tarda notte*
> *un canto che s'udia per li sentieri*
> *lontanando morire a poco a poco,*
> *già similmente mi stringeva il core.*

Questa sproporzione non è un avvenimento intellettuale; è anzitutto e totalmente un avvenimento esistenziale: «Da sì basse cagioni» desto e spento, come nell'occasione de *La sera del dì di festa*, come nella banale eco di un canto che provenga dalla lontana strada campestre. Ma questa nota antropologicamente dominante, determinante il suo carattere, diventa sorgente di meditazioni vaste alle quali la sua arte sa dare spazi di immagini e di parole e musicalità che non hanno paragone nella letteratura italiana. Così, l'altezza dello spazio per il pastore errante dell'Asia si fa inavvertitamente simbolo dell'altezza dello spirito, e in tale esperienza di sproporzione il paragone non va totalmente a vantaggio dell'uomo, perché esso si annulla di fronte alla forza del tutto, pur se esso comprende tutto.

Non a caso alludevo in principio al pensiero di Pascal.

Nel piccolo punto – l'uomo, inerme di fronte alla realtà, che è però pensiero e sentimento capace di abbracciare tutta la realtà –, proprio qui s'annida il seme di un'altra grande parola decisiva per comprendere l'animo e quindi la vita di Leopardi come paragone tra la piccolezza dell'uomo e la totalità del reale.

Se lo spirito dell'uomo ha un pizzico di dignità e di nobiltà, in esso si desta, si sviluppa e si ingrandisce un sogno, una immaginazione, una illusione densa nel confronto con la totalità. Come si dice ne *Il pensiero dominante* (sebbene lo spunto qui sia quello d'una concreta donna): non c'è nulla nella vita di gioioso, di grande, di bello se non questa immaginazione, se non questo respiro sognante, se non questa illusione. La realtà oggetto di un paragone esalta l'animo dell'uomo e urge il motivo per vivere, ovvero ciò che può rendere la vita desiderabile.

Ognuno conosce il *Canto notturno d'un pastore errante dell'Asia*; questa vastità di spazi di terra e cielo, di solitudine assoluta è come se impedisse al discorso di divenire intellettuale e lo rendesse invece più oggettivo che in altre poesie sorte da uno spunto più attuato e concreto. Noi tutti ricordiamo queste strofe con una emozione che non ci lascerà più:

> [...] *Vecchierel bianco, infermo,*
> *mezzo vestito e scalzo,*
> *con gravissimo fascio in su le spalle,*
> *per montagna e per valle,*
> *per sassi acuti, ed alta rena, e fratte,*
> *al vento, alla tempesta, e quando avvampa*
> *l'ora, e quando poi gela,*
> *corre via, corre, anela,*
> *varca torrenti e stagni,*
> *cade, risorge, e più e più s'affretta,*
> *senza posa o ristoro,*
> *lacero, sanguinoso; infin ch'arriva*
> *colà dove la via*
> *e dove il tanto affaticar fu volto:*
> *abisso orrido, immenso,*
> *ov'ei precipitando, il tutto obblia.*
> *Vergine luna, tale*
> *è la vita mortale.* [...]

Più leggevo e più mi emozionavo al pensiero della Grande Presenza che è nelle braccia che hanno raccolto, certo, anche l'anima eterna, infinita; anche l'anima infatti ha una sua infinità.

La profonda, primordiale, tremenda sensazione di sproporzione si è tradotta in una limpida immagine, in limpida meditazione e si è armata di parole, di versi, di strofe ineffabili, dentro le quali ciò che ho detto in principio si conferma. «Il vecchierel» che cammina per svanire in un abisso orrido è un'opzione, una scelta; non è una ragione. Ma, essendo un'opzione, mantiene in Leopardi tutta la drammaticità di una scelta che non ha ragione esistenzialmente adeguata. Ed è da questa permanenza di disagio, specialmente attraverso la coscienza maturata in un certo momento cui accennerò dopo, che tutta la più grande espressività poetica di Leopardi è fatta dipendere. Dal punto di vista intellettuale, la risposta sua fu un «no», e questo «no» serio – perché Leopardi fu un uomo che ha sofferto con grande serietà – doveva produrre esperienze tragiche, di dolore. Poesie come *Le ricordanze*, come *Alla primavera o delle favole antiche*, come *Bruto Minore* hanno tutte quante a tema questo tremendo dolore. Qual è il momento tipico della vita in cui l'illusione del contatto della realtà desta nell'uomo esaltazione ed esultazione? La giovinezza, «dell'arida vita unico fiore» (da *Le ricordanze*, v 49). Il grande inganno, che il mistero delle cose produce, nella nostra giovinezza si mostra, invece, pieno di dolcezza. Ma è un'illusione così che, a un certo punto, anche nei momenti più pacati e pacifici si fa compagna d'ogni vago immaginar, di tutti i teneri sogni, di tutti i tristi e cari moti del cor una «rimembranza acerba».

Non c'è più un momento, neanche il momento felice dell'esaltazione, neanche il momento fortunato dove l'illusione diventa aura che investe lo spirito e la sensibilità dell'uomo, non c'è più momento senza che si accompagni questa rimembranza acerba che tutto è nulla, che tutto è illusione deludente. Ne *Il pensiero dominante*, si mostra la potenza vivificatrice dell'umano sogno, del pensiero dominante della donna che ama. L'impatto con la donna amata desta al poeta il grande spazio dell'illusione, così che «dolcissimo possente dominator di sua profonda mente» diventa questa costruzione momentanea:

> [...]
> *Che mondo mai, che nova*
> *immensità, che paradiso è quello*
> *là dove spesso il tuo stupendo incanto*
> *parmi innalzar! dov'io,*
> *sott'altra luce che l'usata errando,*
> *il mio terreno stato*
> *e tutto quanto il ver pongo in obblio!* [...]

Ma a questa desolazione per la sproporzione, esito della limpida meditazione che fa emergere i fattori immanenti al dramma profondo, conseguente alla reazione che l'universo provoca nel cuore dell'uomo, a questa risposta negativa data intellettualisticamente, e praticamente vissuta, a questa desolazione un'altra se ne aggiunge: l'ingiustizia del mondo. Scrive in *Alla primavera*:

> [...]
> *gl'iniqui petti e gl'innocenti a paro*
> *in freddo orror dissolve; e poi ch'estrano*
> *il suol nativo, e di sua prole ignaro*
> *le meste anime educa;*
> *tu le cure infelici e i fati indegni*
> *tu de' mortali ascolta,*
> *vaga natura, e la favilla antica*
> *rendi allo spirto mio; se tu pur vivi,*
> *e se de' nostri affanni*
> *cosa veruna in ciel, se nell'aprica*
> *terra s'alberga o nell'equoreo seno,*
> *pietosa no, ma spettatrice almeno.*

Natura, esalti i delinquenti e soffochi i pii, la gente per bene, così che l'uomo soffre la sua tragedia di dolore e di ingiustizia dentro il grande scenario dell'universo, uno scenario imperterrito, come è sempre nella poesia e nell'arte quando l'artista non sia religioso. La realtà è impavidamente testimone di un dramma a cui non partecipa, uno scenario imperterrito.

Nel suo diario Virginia Woolf ha scritto: «Perché non esiste una scoperta, nella vita? Qualcosa su cui si possa metter le mani e dire: "eccolo"? [...] Guardo: ma non è quello, non è quello. Che cosa è? Morirò prima di averlo trovato?»[3].

In questa universalità dell'interrogativo sta certo la suggestività più grande della poesia di Leopardi. Ma voglio avanzare di un passo: io credo che il messaggio di Leopardi non si possa arrestare e limitare a questo «no», che l'intelligenza sensisticamente coltivata portava fin nel cuore, il quale, tuttavia, palpitava di affezione per gli incontri di ogni giorno. C'è un messaggio anche voluto ed esplicitato che oltrepassa il «no». Nella poesia *Aspasia* (che è un'altra donna di cui si era innamorato) è ben chiarito quello che intendo dire. Ad un certo punto, infatti, si dice:

> *Raggio divino al mio pensiero apparve,*
> *donna, la tua beltà.* [...]

[La bellezza desta l'immaginazione, un sogno che è come partecipare ad un pezzo di paradiso]

> [...] *Vagheggia*
> *il piagato mortal quindi la figlia*
> *della sua mente,*

[L'uomo colpito dall'incontro vagheggia, considera,

---

[3] V. Woolf, *Diario di una scrittrice*, Mondadori, Milano 1959, p. 126 (sabato, 27 febbraio 1926).

ammira quello che però è frutto della sua immaginazione:]

> [...] *l'amorosa idea,*
> *che gran parte d'Olimpo in sé racchiude* [...]

Anche nei «corporali amplessi» non la donna che ha destato quella esaltazione egli vagheggia «ed ama», ma ciò a cui la donna lo richiama. È a qualcosa d'altro che essa lo richiama, ed è a questo qualcosa d'altro che l'uomo presta l'omaggio.

Dunque egli era tutto entusiasta di quello che gli era stato destato dentro, non della donna che aveva davanti:

> [...] *Alfin l'errore e gli scambiati oggetti*
> *conoscendo, s'adira; e spesso incolpa*
> *la donna a torto. A quella eccelsa imago*
> *sorge di rado il femminile ingegno;*
> *e ciò che inspira ai generosi amanti*
> *la sua stessa beltà, donna non pensa,*
> *né comprender potria. Non cape in quelle*
> *anguste fronti ugual concetto.* [...]

È il concetto cristiano di "segno".

Cos'è un segno? Un segno è una realtà sperimentabile il cui senso è un Altro. Se uno guarda quell'oggetto con occhio umano – e perciò con la ragione – si sente rimandato ad Altro.

Questa grande parola mi pare non si possa espungere da una valutazione e da un dialogo con le parole e le costruzioni leopardiane: il mondo e la realtà sono *segno* di qualcosa d'altro. Non si può negare che in questo senso radice, spunto, urgenza, suggerimento ci siano; non si può negare. È pur vero che il giudizio che Leopardi dà con la sua ragione è negativo, lui non parlerebbe mai di segno. Parla di illusione, di sogno, di «amorosa idea» che l'uomo genera in sé. Ma una cosa è evidente: il limite non lo definiva, non si sentiva definito dal limite delle cose. Non sentiva se stesso definito dal limite delle cose, dal limite delle persone che incontrava, dal limite dello stesso universo che contemplava e che sentiva con la sua sterminata sensibilità.

E quando uno non è definito dal limite in cui è, significa che afferma una Presenza che lo compie. Se mi dico non definito dal mio limite, io grido e affermo una Presenza. È inevitabile per lo spirito umano. Ed è talmente inevitabile per la ragione, che essa, nel momento suo culminante, afferma qualcos'Altro.

Se il limite non definisce ultimamente l'uomo, il dinamismo della ragione implica il grido a una Presenza, l'affermazione di un Altro. Nonostante tutta la sua negazione, nel momento più acuto della sua vita Leopardi lo ha affermato, lo ha detto. E lo ha detto con una delle poesie più stupefacenti che si possano leggere a questo mondo. Mi rifaccio in questo senso allo studio critico di Giulio Augusto Levi (la cui lettura fu per me, tanti anni fa, motivo di enorme sorpresa e gioia) il quale pose questa poesia come la chiave di volta di tutto l'itinerario spirituale e di tutta l'espressione poetica leopardiana. È esattamente questa poesia che mi ha persuaso della positività affascinante, dal punto di vista spirituale, di questo drammatico e anche fragile autore. Sto parlando dell'inno *Alla sua donna*. *Alla sua donna* non prende lo spunto (come in *Aspasia*) da una donna particolare, ma prende l'avvio dalla meditazione sulla donna con la "D" maiuscola. Mentre in *Aspasia* la donna, fisicamente presente, diventa tutto, in questa poesia Leopardi si rivolge direttamente a quella Presenza di cui la realtà umana è segno. E le si rivolge con un inno il cui interesse per me è stato soprattutto fissato nell'ultima strofa.

> *Cara beltà che amore*
> *lunge m'inspiri o nascondendo il viso,*
> *fuor se nel sonno il core*
> *ombra diva mi scuoti,*
> *o ne' campi ove splenda*
> *più vago il giorno e di natura il riso;*

[O bellezza che mi richiami dentro il volto di una donna o dentro le forme di un sogno notturno o dentro lo spettacolo della natura]

> *forse tu l'innocente*
> *secol beasti che dall'oro ha nome,*
> *or leve intra la gente*
> *anima voli?*

[Forse sei esistita nell'epoca d'oro e adesso sei come una cosa invisibile che passi tra l'uno o l'altro?]

> *o te la sorte avara*
> *ch'a noi t'asconde, agli avvenir prepara?*

> *Viva mirarti omai*
> *nulla spene m'avanza;*
> *s'allor non fosse, allor che ignudo e solo*
> *per novo calle a peregrina stanza*
> *verrà lo spirito mio.*

[Non spero più di vederti viva in questo mondo, a meno che io ti veda quando ignudo e solo, per una strada strana, in un altro mondo ti vedrà il mio spirito]

> *Già sul novello*
> *aprir di mia giornata incerta e bruna,*
> *te viatrice in questo arido suolo*
> *io mi pensai. Ma non è cosa in terra*

> *che ti somigli; e s'anco pari alcuna*
> *ti fosse al volto, agli atti, alla favella,*
> *saria, così conforme, assai men bella.*

[Quando ero ragazzo credevo di poterti vedere per strada, ma anche quando ci fosse una donna bellissima, anche quando una donna fosse veramente identica a te «saria, così conforme, assai men bella»]

> *Fra cotanto dolore*
> *quanto all'umana età propose il fato,*
> *se vera e quale il mio pensier ti pinge,*
> *alcun t'amasse in terra, a lui pur fora*
> *questo viver beato:*

[Anche soltanto se uno cerca di immaginarti come ti immagino io sarebbe già beato]

> *e ben chiaro vegg'io siccome ancora*
> *seguir loda e virtù qual ne' prim'anni*
> *l'amor tuo mi farebbe. Or non aggiunse*
> *il ciel nullo conforto ai nostri affanni;*
> *e teco la mortal vita saria*
> *simile a quella che nel cielo india.*

> *Per le valli, ove suona*
> *del faticoso agricoltore il canto,*
> *ed io seggo e mi lagno*
> *del giovanile error che m'abbandona;*
> *e per li poggi, ov'io rimembro e piagno*
> *i perduti desiri, e la perduta*
> *speme de' giorni miei; di te pensando,*
> *a palpitar mi sveglio. E potess'io,*
> *nel secol tetro e in questo aer nefando,*
> *l'alta specie serbar; che dell'imago,*
> *poi che del ver m'è tolto, assai m'appago.*

[Potessi io stare sempre qui fisso a immaginarti come riesco a immaginarti certe volte, perché non avendo il vero ancora, «poi che del ver m'è tolto», io m'appaghi dell'immagine].

Ed ecco l'ultima strofa che è come una delle più belle preghiere che si possano leggere nella nostra letteratura:

> *Se dell'eterne idee*
> *l'una sei tu, cui di sensibil forma*
> *sdegni l'eterno senno esser vestita,*
> *e fra caduche spoglie*
> *provar gli affanni di funerea vita;*
> *o s'altra terra ne' superni giri*
> *fra' mondi innumerabili t'accoglie,*
> *e più vaga del Sol prossima stella*
> *t'irraggia, e più benigno etere spiri;*
> *di qua dove son gli anni infausti e brevi,*
> *questo d'ignoto amante inno ricevi.*

Questa è stata la strofa che mi ha travolto – lo posso dire – la vita. Perché dice: se tu, bellezza, che, quand'ero ragazzo, credevo di trovare per le strade – ma non c'è in terra cosa che ti somigli! –; se tu bellezza sei un'idea di Platone che vive nell'iperuranio, in qualche mondo astrale, oppure vivi in qualche altro pianeta più felice della terra, perché «di sensibil forma / sdegni l'eterno senno esser vestita», perché sdegni di rivestirti di carne e «fra caduche spoglie / portar gli affanni di funerea vita», in un corpo carnale portare i dolori e la morte? Se tu questo sdegni perché sei una delle realtà eterne, «di qua dove son gli anni infausti e brevi / questo d'ignoto amante inno ricevi».

Quando lessi questa strofa la prima volta – mi ricordo come se fosse oggi, la giornata di inizio dell'anno scolastico del mio seminario, in prima liceo a 15 anni, – dissi: ma come, che cos'è il messaggio, l'annuncio cristiano se non questo? È l'annuncio che la bellezza, con la «B» maiuscola, non solo non ha sdegnato di rivestire «l'eterno senno di sensibil forma», non solo non ha sdegnato di «provar gli affanni di funerea vita», ma è morto per l'uomo.

Non l'uomo «ignoto amante» di Lui, ma Lui «ignoto amante dell'uomo».

Venne tra i suoi e i suoi non se ne sono neanche accorti. Venne a casa sua e i suoi non lo ricevettero. È la prima pagina del vangelo di san Giovanni.

Questa è la profezia, una profezia pura perché il genio è sempre profeta di Cristo. Sotto un aspetto o un altro, il genio è per sua natura un profeta. Questa è la profezia di un ateo; è il grido, 1800 anni dopo che era accaduta, il grido, dal fondo dell'uomo, all'incarnazione di Cristo.

In una poesia di Karol Wojtyła, nel suo libro *Pietra di luce*, vi è un brano che ricorda l'inno *Alla sua donna* di Leopardi: «Io ti invoco [è l'opposto ma uguale] e Ti cerco, Uomo – in cui / la storia umana può trovare il suo Corpo (la sua consistenza, la sua organicità). / Mi muovo incontro a Te, non dico "Vieni"/ semplicemente dico "Sii"»[4].

Nel sottofondo, il cuore dell'uomo è rapporto con questo Tu. Il vero discorso che anima tutte quante le parole del grande sofferente Giacomo Leopardi è che l'uomo è niente e tutta la sua grandezza consiste nel rapporto con l'infinito.

Tutto l'universo, come la più piccola cosa, sono segno che lo richiama all'infinito. Qui sta la densità del-

---

[4] K. Wojtyła, *Entro nel cuore del dramma...*, San Marco Libri, Bologna 1991, p. 27.

l'essere umano. E il fondo del suo cuore attende in ogni cosa, in ogni cosa concreta, all'interno del grande universo, che la presenza segnata si palesi, rivesta «di sensibil forma l'eterno senno», porti «gli affanni di funerea vita» con noi, compagno. «E il Verbo si è fatto carne»[5].

Quando vedrò Leopardi, appena entrato in Paradiso, gli dirò: "Caro Leopardi, tu hai sbagliato il concetto di ragione. Il tuo concetto di ragione era stato distrutto perché rattrappito". Una volta ho visto un uomo fulminato in una centrale elettrica, era diventato piccolo, rattrappito, un terzo del suo corpo: ecco, la ragione dell'epoca moderna, dell'uomo moderno è una ragione fulminata dalla corrente elettrica ad altissima tensione, è rattrappita, perché l'uomo del post-umanesimo e del post-rinascimento ha identificato la ragione con la misura del reale. Ma il reale esiste prima dell'uomo che ragiona, perciò per sua natura la realtà è più vasta della misura della ragione.

«Or tu chi se' che vuo' sedere a scranna, / per giudicar di lungi mille miglia / con la veduta corta d'una spanna?»[6] diceva Dante.

Ma anche il filosofo Ricoeur, sinteticamente, esprime questa incongruenza della misura umana con il reale secondo questa sua potente espressione: «Quello che io sono è incommensurabile con quello che io so»[7]. La ragione non è la misura del reale, non è la misura dell'essere, perché l'essere la deborda da tutte le parti. Essa non c'era prima, non ci sarà domani. L'essere la deborda da tutte le parti, ma allora, se fosse "misura" non potrebbe conoscere il reale vero, l'essere vero; invece la ra-

---

[5] Cfr. Gv 1,14.
[6] Dante, *Paradiso*, canto XIX, vv. 79-81.
[7] P. Ricoeur, *Gabriel Marcel et Karl Jaspers. Philosophie du mystère et philosophie du paradoxe*, Èdition du Temps Présent, Paris 1948, p. 49 («"Je suis" est incommensurable à ce que "je sais"»).

gione è una finestra spalancata sulla realtà, è un'apertura alla realtà, alla realtà del volto di mia madre come alla realtà che sta nascosta dietro il segno dell'universo, il segno di ogni cosa, l'infinito, il mistero, Dio.

La ragione è un abbraccio senza fine della realtà. Vale a dire, la ragione è il cuore, ed in questo concetto di ragione come apertura, come occhio spalancato alla realtà, finestra aperta a un campo infinito dentro il quale non si è mai finito di entrare, ogni momento è novità, è una ricchezza, ogni momento è amore. Se la ragione fosse la misura delle cose, ogni momento sarebbe invece tomba, sepolcro.

Ci hanno insepolcrati vivi nella cultura post-rinascimentale, illuministica, razionalistica moderna. E lui ne è stato una vittima. La ragione era proprio il suo cuore. Quel cuore che gli faceva gridare il *Canto notturno di un pastore errante dell'Asia*; oppure «Dolcissimo, possente, / dominator di mia profonda mente; / terribile ma caro / dono del ciel; consorte / ai lùgubri miei giorni, / pensier che innanzi a me sì spesso torni» (da *Il pensiero dominante*). Quel cuore che gli aveva dettato l'inno *Alla sua donna*. La ragione è quel cuore.

Io ho sempre detto parlando con i miei amici che Leopardi non ha avuto un incontro amico che gli rendesse facile o più facile questa osservazione che – scusate – è ovvia.

Così, Leopardi è stato sempre, come direbbe sant'Agostino, «Fugitivus cordi sui», è sempre fuggito lontano dal suo cuore, da quel cuore che è la ragione. Forse, per dire proprio tutto, a Leopardi, che aveva un senso etico fortissimo in certi campi, mancò un'ultima banda di animo, e proprio lì si rivelò fragile, anche eticamente. L'ho pensato leggendo ancora nel diario di Kafka questa frase: «Non bisogna buttarsi via, anche se la salvezza non viene, voglio però esserne degno ad ogni momento».

È un'obbedienza al «vigilate» del vangelo. Forse Leopardi non ha trovato amicizia sufficiente, che lo rincuorasse fino a questo punto.

CARA BELTÀ

Le poesie di Giacomo Leopardi qui riportate sono tratte da G. Leopardi, *Canti*, BUR, Milano 1991. A tale edizione appartengono anche le note interpretative a piè di pagina.

IL PASSERO SOLITARIO[1]

D'in su la vetta della torre antica
Passero solitario, alla campagna
Cantando vai finché non more il giorno;
Ed erra l'armonia per questa valle.
Primavera dintorno   5
Brilla nell'aria, e per li campi esulta,
Sì ch'a mirarla intenerisce[2] il core.
Odi greggi belar, muggire armenti;
Gli altri augelli contenti, a gara insieme
Per lo libero ciel fan mille giri,   10
Pur festeggiando[3] il lor tempo migliore:
Tu pensoso in disparte il tutto miri;
Non compagni, non voli,
Non ti cal d'allegria, schivi gli spassi;
Canti, e così trapassi   15
Dell'anno e di tua vita il più bel fiore.

Oimè, quanto somiglia
Al tuo costume il mio! Sollazzo e riso[4],
Della novella età dolce famiglia,

[1] Strofe libere di endecasillabi e settenari. Data malsicura: il metro (la cosiddetta canzone leopardiana, svincolata ormai interamente dal modello classico che prevede una rigorosa uniformità fra le stanze) induce a supporre una redazione tarda, più o meno contemporanea ai canti del '28-'30 o anche successiva (comunque avanti il '35).
[2] Si intenerisce; *core* è soggetto.
[3] *Pur* indica continuità e esclusività dell'azione: intenti solo e senza posa a festeggiare.
[4] Come *te* del v. 20, oggetto di *non curo*. *Famiglia* è apposizione: dolci compagni della giovinezza. *Sollazzo* è termine dell'antica lingua poetica: diletto, svago.

E te german di giovinezza, amore⁵,   20
Sospiro acerbo de' provetti giorni,
Non curo, io non so come; anzi da loro
Quasi fuggo lontano;
Quasi romito, e strano⁶
Al mio loco natio,   25
Passo del viver mio la primavera.
Questo giorno ch'omai cede alla sera,
Festeggiar si costuma al nostro borgo.
Odi per lo sereno un suon di squilla,
Odi spesso un tonar di ferree canne⁷,   30
Che rimbomba lontan di villa in villa.
Tutta vestita a festa
La gioventù del loco
Lascia le case, e per le vie si spande;
E mira ed è mirata, e in cor s'allegra.   35
Io solitario in questa
Rimota parte alla campagna uscendo,
Ogni diletto e gioco⁸
Indugio in altro tempo: e intanto il guardo
Steso nell'aria aprica⁹   40
Mi fere il Sol che tra lontani monti
Dopo il giorno sereno
Cadendo si dilegua, e par che dica
Che la beata gioventù vien meno.

  Tu, solingo augellin, venuto a sera   45
Del viver che daranno a te le stelle,
Certo del tuo costume
Non ti dorrai; che di natura è frutto

---

⁵ Costruisci: e te, amore, fratello (*german*) di giovinezza, oggetto di rimpianto doloroso nell'età avanzata (*provetti giorni*).
⁶ Straniero.
⁷ Colpi di fucile, sparati in segno di festa. *Villa*: lat. borgo.
⁸ Ancora dall'antica lingua poetica: gioia. *Indugio*: rinvio.
⁹ Luminosa, splendente; *fere*: ferisce (lo sguardo).

Ogni vostra vaghezza[10].
A me, se di vecchiezza
La detestata soglia
Evitar non impetro[11],
Quando muti questi occhi all'altrui core,
E lor fia voto il mondo, e il dì futuro
Del dì presente più noioso e tetro,
Che parrà di tal voglia[12]?
Che di quest'anni miei? che di me stesso?
Ahi pentirommi, e spesso,
Ma sconsolato, volgerommi indietro.

---

[10] Poiché ogni vostro desiderio è determinato dalla natura.
[11] Se non ottengo di morire prima della vecchiaia, quando i miei occhi saranno muti al cuore altrui, e vuoto il mondo per loro.
[12] Di questa mia inclinazione alla solitudine.

BRUTO MINORE[1]

Poi che divelta, nella tracia[2] polve
Giacque ruina immensa
L'italica virtute, onde[3] alle valli
D'Esperia verde, e al tiberino lido,
Il calpestio de' barbari cavalli   5
Prepara il fato, e dalle selve ignude
Cui l'Orsa algida preme[4],
A spezzar le romane inclite mura
Chiama i gotici brandi;
Sudato, e molle[5] di fraterno sangue,   10
Bruto per l'atra notte in erma sede,
Fermo già di morir[6], gl'inesorandi
Numi e l'averno accusa,
E di feroci[7] note
Invan la sonnolenta aura percote.   15

---

[1] Canzone, composta a Recanati nel dicembre 1821. Bruto, uno dei protagonisti della congiura contro Cesare, si suicidò dopo la sconfitta di Filippi ad opera di Antonio e Ottaviano. Il Leopardi ne fa un alfieriano eroe della libertà.

[2] Filippi si trovava per la verità in Macedonia, non in Tracia.

[3] Costruisci: per la qual cosa il fato prepara all'Italia, con la decadenza della libertà romana, le invasioni barbariche. *Esperia*: Italia, detta *verde* per enallage (verdi sono le valli).

[4] Che la costellazione dell'Orsa sovrasta, anche qui *algida* (gelida) per enallage. *Inclite*: gloriose.

[5] Lat., bagnato. *In erma sede*: in luogo solitario.

[6] Risoluto al suicidio; *inesorandi*: inesorabili.

[7] Lat., fiere; *note*: accenti, parole: quelle che s'immaginano pronunciate da Bruto nelle strofe seguenti.

    Stolta virtù, le cave[8] nebbie, i campi
Dell'inquiete larve
Son le tue scole, e ti si volge a tergo[9]
Il pentimento. A voi, marmorei numi,
(Se numi avete in Flegetonte albergo   20
O su le nubi)[10], a voi ludibrio e scherno
È la prole infelice
A cui templi chiedeste, e frodolenta
Legge al mortale insulta[11].
Dunque tanto i celesti odii commove   25
La terrena pietà[12]? dunque degli empi
Siedi, Giove, a tutela? e quando esulta
Per l'aere il nembo, e quando
Il tuon rapido spingi,
Ne'[13] giusti e pii la sacra fiamma stringi?   30

    Preme[14] il destino invitto e la ferrata
Necessità gl'infermi
Schiavi di morte: e se a cessar non vale[15]
Gli oltraggi lor, de' necessarii danni
Si consola il plebeo[16]. Men duro è il male   35
Che riparo non ha? dolor non sente
Chi di speranza è nudo?
Guerra mortale, eterna, o fato indegno,
Teco il prode guerreggia,

---

[8] Lat., inconsistenti. *Campi*: gli spazi del Sogno, dove si agitano fantasmi incerti; *scole*: i luoghi, dove tu insegni.
[9] Ti vien dietro.
[10] Se pur abitate l'inferno o il cielo; il Flegetonte è uno dei fiumi infernali.
[11] Le vostre leggi, ingannandoli, sono offesa per gli uomini.
[12] Lat.: la religione cui gli uomini si assoggettano.
[13] Contro i; *pii*: devoti.
[14] Lat., opprime; *ferrata*: ferrea.
[15] Non ha la forza di allontanare.
[16] L'uomo vile si consola in nome della loro necessità.

Di cedere inesperto[17]; e la tiranna 40
Tua destra[18], allor che vincitrice il grava,
Indomito scrollando si pompeggia,
Quando nell'alto lato[19]
L'amaro ferro intride,
E maligno alle nere ombre sorride. 45

   Spiace agli Dei chi violento[20] irrompe
Nel Tartaro. Non fora[21]
Tanto valor ne' molli eterni petti.
Forse i travagli nostri, e forse il cielo
I casi acerbi e gl'infelici affetti 50
Giocondo[22] agli ozi suoi spettacol pose?
Non fra sciagure e colpe,
Ma libera ne' boschi e pura etade[23]
Natura a noi prescrisse,
Reina un tempo e Diva. Or poi ch'a terra 55
Sparse i regni beati[24] empio costume,
E il viver macro[25] ad altre leggi addisse;
Quando gl'infausti giorni
Virile alma ricusa,
Riede[26] natura, e il non suo dardo accusa? 60

   Di colpa ignare e de' lor proprii danni
Le fortunate belve

---

[17] Lat., incapace.
[18] Oggetto di *scrollando*; *si pompeggia*: si gloria.
[19] Immerge (*intride*) profondamente nel fianco.
[20] Operando violenza su di sé: suicidandosi. *Tartaro*: il regno dei morti.
[21] Non ci sarebbe. *Eterni*: degli dei.
[22] Da riferire a *spettacol*; soggetto dell'intera frase è il cielo.
[23] Vita; costruisci: la natura, un tempo regina e dea, ci assegnò ecc.
[24] L'impero della natura; *empio costume*: la ragione.
[25] Con valore predicativo: rendendolo meschino; *addisse*: assoggettò.
[26] Ritorna; *il non suo dardo*: il fatto che la morte non sia stata data da lei.

Serena adduce al non previsto passo[27]
La tarda età. Ma se spezzar la fronte
Ne' rudi tronchi, o da montano sasso 65
Dare al vento precipiti[28] le membra,
Lor suadesse affanno;
Al misero desio nulla contesa
Legge arcana farebbe
O tenebroso ingegno[29]. A voi, fra quante 70
Stirpi il cielo avvivò, soli fra tutte,
Figli di Prometeo[30], la vita increbbe;
A voi le morte ripe,
Se il fato ignavo pende[31],
Soli, o miseri, a voi Giove contende. 75

E tu dal mar cui nostro sangue irriga,
Candida luna, sorgi
E l'inquieta notte e la funesta
All'ausonio valor[32] campagna esplori. 80
Cognati[33] petti il vincitor calpesta,
Fremono i poggi, dalle somme vette
Roma antica ruina;
Tu sì placida sei? Tu la nascente
Lavinia prole[34], e gli anni
Lieti vedesti, e i memorandi allori; 85
E tu su l'alpe l'immutato raggio

[27] A morte impreveduta.
[28] Precipitandosi. *Lor suadesse*: lat., li persuadesse a; soggetto è *affanno*.
[29] Inventore di dottrine tenebrose, quali i miti dell'oltretomba e della sopravvivenza dell'anima.
[30] Prometeo diede vita al primo uomo. *Le morte ripe*: le rive della morte; oggetto di *contende* (vieta).
[31] Se la morte tarda a venire.
[32] Alla virtù degli italiani, che qui hanno perso la libertà; *esplori*: illumini.
[33] Fraterni. *Ruina*: precipita
[34] I discendenti di Lavinia e di Enea: i romani. *Allori*: trionfi.

Tacita verserai quando ne' danni[35]
Del servo italo nome,
Sotto barbaro piede
Rintronerà quella solinga sede.   90

 Ecco tra nudi sassi o in verde ramo
E la fera e l'augello,
Del consueto obblio gravido il petto[36],
L'alta ruina ignora e le mutate
Sorti del mondo: e come prima[37] il tetto   95
Rosseggerà del villanello industre,
Al mattutino canto
Quel desterà le valli, e per le balze
Quella l'inferma plebe[38]
Agiterà delle minori belve.   100
Oh casi! oh gener vano[39]! abbietta parte
Siam delle cose; e non le tinte glebe[40],
Non gli ululati spechi
Turbò nostra sciagura,
Né scolorò le stelle umana cura[41].   105

 Non io d'Olimpo o di Cocito i sordi
Regi[42], o la terra indegna,
E non la notte moribondo appello;

---

[35] Alla rovina; *servo*: la nazione (*nome*) divenuta schiava.
[36] Accusativo di relazione: con l'animo occupato dal sonno; *ruina*: la rovina di Roma.
[37] Non appena.
[38] La moltitudine indifesa.
[39] Degli uomini.
[40] La terra intinta del nostro sangue; *ululati spechi*: le caverne dove risuonano le grida di dolore.
[41] La sofferenza degli uomini.
[42] Gli dei del cielo e dell'inferno.

Non te, dell'atra morte ultimo raggio[43],
Conscia futura età. Sdegnoso avello[44]   110
Placàr singulti, ornàr parole e doni
Di vil caterva? In peggio
Precipitano i tempi; e mal s'affida
A putridi nepoti
L'onor[45] d'egregie menti e la suprema   115
De' miseri vendetta. A me dintorno
Le penne il bruno augello[46] avido roti;
Prema la fera, e il nembo
Tratti l'ignota spoglia;
E l'aura il nome e la memoria accoglia.

---

[43] Ultima speranza che illumina il buio della morte. *Conscia*: che sola potrai giudicare.

[44] La tomba di uno spirito sdegnoso; *placàr, ornàr*: placarono, ornarono. *Caterva*: turba.

[45] Il compito di rendere onore; così *vendetta*: il dovere di vendicare.

[46] Il corvo. *Prema*: calpesti; come *tratti* (trascini straziando) che ha per oggetto *spoglia*, "corpo".

ALLA PRIMAVERA
O DELLE FAVOLE ANTICHE[1]

   Perché[2] i celesti danni
Ristori il sole, e perché l'aure inferme
Zefiro avvivi, onde fugata[3] e sparta
Delle nubi la grave ombra s'avvalla[4];
Credano[5] il petto inerme   5
Gli augelli al vento, e la diurna luce
Novo d'amor desio, nova speranza
Ne' penetrati boschi e fra le sciolte
Pruine[6] induca alle commosse belve;
Forse alle stanche e nel dolor sepolte   10
Umane menti riede
La bella età[7] cui la sciagura e l'atra
Face del ver[8] consunse
Innanzi tempo? Ottenebrati e spenti
Di febo[9] i raggi al misero non sono   15
In sempiterno? ed anco,
Primavera odorata, inspiri e tenti
Questo gelido cor, questo ch'amara
Nel fior degli anni suoi vecchiezza impara[10]?

---

[1] Canzone, composta a Recanati nel gennaio 1822.
[2] Concessivo: per quanto. *Celesti*: provocati dal cielo, durante l'inverno.
[3] Messa in fuga dal quale; Zefiro è il vento della primavera.
[4] È dispersa per la valle.
[5] Lat., affidino; dipende sempre dal *perché* iniziale.
[6] Nevi; *induca*: infonda.
[7] Ritorna nell'animo degli uomini la giovinezza; *cui*: che, oggetto di *consunse*.
[8] La luce funesta della verità.
[9] Del sole; *anco*: ancora.
[10] Impara a conoscere.

   Vivi tu, vivi, o santa
Natura? vivi e il dissueto[11] orecchio
Della materna voce il suono accoglie?
Già di candide ninfe i rivi albergo,
Placido albergo e specchio
Furo i liquidi fonti[12]. Arcane danze
D'immortal piede[13] i ruinosi gioghi
Scossero e l'ardue selve (oggi romito
Nido de' venti): e il pastorel ch'all'ombre
Meridiane[14] incerte ed al fiorito
Margo adducea de' fiumi
Le sitibonde agnelle, arguto[15] carme
Sonar d'agresti Pani
Udì lungo le ripe; e tremar l'onda
Vide, e stupì, che non palese al guardo
La faretrata Diva[16]
Scendea ne' caldi flutti, e dall'immonda
Polve tergea della sanguigna caccia
Il niveo lato[17] e le verginee braccia.

   Vissero i fiori e l'erbe,
Vissero i boschi un dì. Conscie[18] le molli
Aure, le nubi e la titania lampa
Fur dell'umana gente, allor che ignuda
Te per le piagge e i colli,
Ciprigna luce[19], alla deserta notte
Con gli occhi intenti il viator seguendo,

---

[11] Lat., non assuefatto; *materna*: della natura.
[12] Lat., furono le acque trasparenti; *albergo*: dimora.
[13] Delle ninfe, appunto. *Ruinosi*: scoscesi; *ardue*: impervie.
[14] Del mezzodì; *margo*: margine, riva.
[15] Lat., stridulo; *Pani*: Pan era il dio dei boschi: fauni.
[16] Diana, dea della caccia.
[17] Lat.: fianchi (il singolare per il plurale).
[18] Consapevoli e partecipi; *titania lampa*: il sole, figlio del titano Iperione.
[19] La luce di Venere (*Ciprigna* da Cipro), ossia la luna (più frequentemente identificata con Diana). *Alla*: nella.

Te compagna alla via, te de' mortali
Pensosa immaginò. Che se gl'impuri
Cittadini consorzi e le fatali[20]
Ire fuggendo e l'onte,
Gl'ispidi tronchi al petto altri[21] nell'ime   50
Selve remoto accolse,
Viva fiamma agitar[22] l'esangui vene,
Spirar le foglie, e palpitar segreta
Nel doloroso amplesso
Dafne o la mesta Filli, o di Climene[23]   55
Pianger credé la sconsolata prole
Quel che sommerse in Eridano il sole.

Né[24] dell'umano affanno,
Rigide balze, i luttuosi accenti
Voi negletti ferìr mentre le vostre   60
Paurose latebre[25] Eco solinga,
Non vano error de' venti,
Ma di ninfa abitò misero spirto,
Cui[26] grave amor, cui duro fato escluse
Delle tenere membra. Ella per grotte,   65
Per nudi scogli e desolati alberghi,

---

[20] Funeste.
[21] Soggetto indefinito: alcuno; da collegare a *credé* del v. 56; *nell'ime selve*: nel profondo delle selve.
[22] Dipende, come *spirare* e *palpitar*, da *credé*. Dafni fu trasformata in alloro mentre fuggiva Apollo; Filli in mandorlo, dopo che si uccise credendosi abbandonata da Demofoonte.
[23] Costruisci: o le figlie di Climene (trasformate in pioppi) piangere il fratello Fetonte. Questi aveva ottenuto dal padre Apollo di guidare il carro del sole, ma finì troppo vicino alla terra rischiando di bruciarla: Giove lo fulminò precipitandolo nel Po (*Eridano*).
[24] Va unito a *negletti*: e non inascoltati vi giunsero i lamenti degli uomini; *mentre*: finché.
[25] Lat., anfratti. *Error*: come *misero spirto*, apposizione di Eco: concepita non come un inganno del vento, ma come l'anima di una ninfa.
[26] Che; *fato*: morte. Eco, non riamata da Narciso, si consumò per il dolore e ne rimase la sola voce.

Le non ignote ambasce[27] e l'alte e rotte
Nostre querele al curvo
Etra insegnava. E te[28] d'umani eventi
Disse la fama esperto,   70
Musico augel che tra chiomato bosco
Or vieni il rinascente anno cantando,
E lamentar[29] nell'alto
Ozio de' campi, all'aer muto e fosco,
Antichi danni e scellerato scorno,   75
E d'ira e di pietà pallido il giorno[30].

  Ma non cognato[31] al nostro
Il gener tuo; , quelle tue varie note
Dolor non forma, e te di colpa ignudo,
Men caro assai la bruna valle asconde.   80
Ahi ahi, poscia che vote
Son le stanze d'Olimpo[32], e cieco il tuono
Per l'atre nubi e le montagne errando,
Gl'iniqui petti e gl'innocenti a paro
In freddo orror dissolve; e poi ch'estrano   85
Il suol nativo, e di sua prole ignaro
Le meste anime educa[33];
Tu le cure infelici e i fati indegni
Tu de' mortali ascolta,
Vaga natura, e la favilla antica   90
Rendi allo spirto mio; se tu pur vivi,

[27] I nostri dolori, a lei noti per prova. *Curvo etra*: la volta del cielo.
[28] L'usignolo, va riferito a *musico augel* del v. 71. In usignolo fu tramutata Filomela che, violata dal cognato Tereo, prese di lui con l'aiuto della sorella Progne atroce vendetta, imbandendogli le carni del figlioletto Iti; Progne fu trasformata in rondine, Tereo in upupa.
[29] Dipende da *te... disse la fama* dei vv. 69-70; *alto ozio*: profonda quiete.
[30] Secondo il mito, per l'orrore della tragedia il sole velò la sua luce.
[31] Non più affine, fraterno: intendi, per noi che abbiamo cessato di aver fede nel mito.
[32] Da quando l'Olimpo non è più abitato dagli dei. *Cieco*: non più diretto da Giove, come si credeva, contro gli iniqui.
[33] Lat., alleva, fa crescere. Leggi *edùca*.

E se de' nostri affanni[34]
Cosa veruna in ciel, se nell'aprica
Terra s'alberga o nell'equoreo seno,
Pietosa no, ma spettatrice almeno.

[34] Costruisci: e se esiste alcuna cosa in cielo, in terra o nel mare che, se non pietosa, sia almeno testimone dei nostri affanni. *Aprica*: illuminata dal sole; *equoreo*: lat., del mare.

L'INFINITO[1]

Sempre caro mi fu quest'ermo colle[2],
E questa siepe, che da tanta parte
Dell'ultimo[3] orizzonte il guardo esclude.
Ma sedendo e mirando, interminati
Spazi di là da quella, e sovrumani   5
Silenzi, e profondissima quiete
Io nel pensier mi fingo[4]; ove per poco
Il cor non si spaura. E come il vento
Odo stormir tra queste piante, io quello
Infinito silenzio a questa voce   10
Vo comparando: e mi sovvien l'eterno,
E le morte stagioni[5], e la presente
E viva, e il suon di lei. Così tra questa
Immensità s'annega il pensier mio:
E il naufragar m'è dolce in questo mare.   15

[1] Idillio, in endecasillabi sciolti. Composto a Recanati nel 1819.
[2] Il monte Tabor, un'altura nei pressi del palazzo Leopardi a Recanati. *Ermo*: solitario.
[3] Lat., estremo.
[4] Lat., do forma nella mente, immagino.
[5] Età.

LA SERA DEL DÌ DI FESTA[1]

  Dolce e chiara è la notte e senza vento,
E queta sovra i tetti e in mezzo agli orti
Posa la luna, e di lontan rivela
Serena ogni montagna. O donna mia[2],
Già tace ogni sentiero, e pei balconi   5
Rara traluce la notturna lampa[3]:
Tu dormi, che t'accolse agevol sonno
Nelle tue chete stanze; e non ti morde
Cura nessuna; e già non sai né pensi
Quanta piaga m'apristi in mezzo al petto.   10
Tu dormi: io questo ciel, che sì benigno
Appare in vista[4], a salutar m'affaccio,
E l'antica natura onnipossente,
Che mi fece all'affanno. A te la speme
Nego, mi disse, anche la speme; e d'altro   15
Non brillin gli occhi tuoi se non di pianto.
Questo dì fu solenne[5]; or da' trastulli
Prendi riposo; e forse ti rimembra
In sogno a quanti oggi piacesti, e quanti
Piacquero a te: non io, non già, ch'io speri,   20
Al pensier ti ricorro. Intanto io chieggo
Quanto a viver mi resti, e qui per terra

---

[1] Idillio, in endecasillabi sciolti. Composto a Recanati fra il 1819 e il 1821, con ogni probabilità nella primavera del 1820.
[2] In questo, più ancora che in altri casi, risulta vano ogni tentativo di identificazione.
[3] Poche sono le finestre illuminate.
[4] Alla vista, in apparenza benigno.
[5] Lat.: giorno di festa. *Ti rimembra*: nota la costruzione impersonale del verbo.

Mi getto, e grido, e fremo. Oh giorni orrendi
In così verde etate! Ahi, per la via
Odo non lunge il solitario canto 25
Dell'artigian, che riede a tarda notte,
Dopo i sollazzi[6], al suo povero ostello;
E fieramente mi si stringe il core,
A pensar come tutto al mondo passa,
E quasi orma non lascia. Ecco è fuggito 30
Il dì festivo, ed al festivo il giorno
Volgar[7] succede, e se ne porta il tempo
Ogni umano accidente. Or dov'è il suono
Di que'[8] popoli antichi? or dov'è il grido
De' nostri avi famosi, e il grande impero 35
Di quella Roma, e l'armi, e il fragorio
Che n'andò[9] per la terra e l'oceano?
Tutto è pace e silenzio, e tutto posa
Il mondo, e più di lor non si ragiona.
Nella mia prima età, quando s'aspetta 40
Bramosamente il dì festivo, or poscia
Ch'egli era spento, io doloroso, in veglia,
Premea le piume[10]; ed alla tarda notte
Un canto che s'udia per li sentieri
Lontanando morire a poco a poco, 45
Già similmente mi stringeva il core.

---

[6] Svaghi; come, più sopra, ha detto *trastulli*. *Ostello*: casa; *fieramente*: crudelmente.

[7] Ordinario, e quindi mediocre. *Accidente*: evento.

[8] Come in latino, nel senso di "quei famosi"; così, al v. 36, *quella*. *Il grido*: la fama.

[9] Che di lì, a Roma, si diffuse. Leggi *oceàno*.

[10] Aulico per "letto".

ALLA LUNA[1]

O graziosa luna, io mi rammento
Che, or volge l'anno[2], sovra questo colle
Io venia pien d'angoscia a rimirarti:
E tu pendevi allor su quella selva
Siccome or fai, che tutta la rischiari.   5
Ma nebuloso e tremulo dal pianto
Che mi sorgea sul ciglio, alle mie luci[3]
Il tuo volto apparia, che travagliosa
Era mia vita: ed è[4], né cangia stile,
O mia diletta luna. E pur mi giova   10
La ricordanza, e il noverar l'etate[5]
Del mio dolore. Oh come grato occorre
Nel tempo giovanil, quando ancor lungo
La speme e breve ha la memoria il corso[6],
Il rimembrar delle passate cose,   15
Ancor che triste[7], e che l'affanno duri!

[1] Idillio, in endecasillabi sciolti. Composto a Recanati nel 1819.
[2] Si compie l'anno; un anno fa.
[3] Occhi.
[4] Sottintendi: *travagliosa*. *Stile*: modo.
[5] Il tempo, la durata.
[6] Questi due versi 13-14 furono aggiunti dopo l'edizione napoletana del '35. Costruisci: quando la speranza ha davanti a sé lungo spazio, e la memoria breve dietro di sé.
[7] E plurale («tristi»), riferito a *cose*.

LA VITA SOLITARIA[1]

La mattutina pioggia[2], allor che l'ale
Battendo esulta nella chiusa stanza
La gallinella, ed al balcon s'affaccia
L'abitator de' campi, e il Sol che nasce
I suoi tremuli rai fra le cadenti   5
Stille saetta, alla capanna mia
Dolcemente picchiando, mi risveglia;
E sorgo, e i lievi nugoletti, e il primo
Degli augelli susurro, e l'aura fresca,
E le ridenti piagge[3] benedico: 10
Poiché voi, cittadine infauste mura,
Vidi e conobbi assai[4], là dove segue
Odio al dolor compagno; e doloroso
Io vivo, e tal morrò, deh tosto! Alcuna
Benché scarsa pietà pur mi dimostra   15
Natura in questi lochi, un giorno oh quanto
Verso me più cortese! E tu pur volgi
Dai miseri lo sguardo; e tu, sdegnando
Le sciagure e gli affanni, alla reina
Felicità servi, o natura. In cielo,   20
In terra amico agl'infelici alcuno
E rifugio non resta altro che il ferro[5].

---

[1] Idillio, in endecasillabi sciolti. Composto a Recanati tra l'estate e l'autunno del 1821.
[2] Va unito a *picchiando, mi risveglia* del v. 7. *Mattutina*: le varie strofe tendono a corrispondere successivamente a una diversa parte del giorno. *Esulta*: lat., salta.
[3] Luoghi in genere.
[4] Nel senso arcaico di "abbastanza"; così al v. 106.
[5] Cioè, il suicidio.

Talor m'assido in solitaria parte,
Sovra un rialto, al margine d'un lago
Di taciturne piante incoronato. 25
Ivi, quando il meriggio in ciel si volve,
La sua tranquilla imago il Sol dipinge,
Ed erba o foglia non si crolla al vento,
• E non onda incresparsi, e non cicala
Strider, né batter penna augello in ramo, 30
Né farfalla ronzar, né voce o moto
Da presso né da lunge odi né vedi.
Tien[6] quelle rive altissima quiete;
Ond'io quasi me stesso e il mondo obblio
Sedendo immoto; e già mi par che sciolte 35
Giaccian le membra mie, né spirto o senso
Più le commova[7], e lor quiete antica
Co' silenzi del loco si confonda.

Amore, amore, assai lungi volasti
Dal petto mio, che fu sì caldo un giorno, 40
Anzi rovente. Con sua fredda mano
Lo strinse la sciaura[8], e in ghiaccio è volto
Nel fior degli anni. Mi sovvien del tempo
Che mi scendesti in seno. Era quel dolce
E irrevocabil tempo, allor che s'apre 45
Al guardo giovanil questa infelice
Scena del mondo, e gli sorride in vista[9]
Di paradiso. Al garzoncello il core
Di vergine speranza e di desio
Balza nel petto; e già s'accinge all'opra 50
Di questa vita come a danza o gioco
Il misero mortal. Ma non sì tosto,

---

[6] Domina; *rive*: luoghi, come al v. 105. *Altissima*: profondissima.
[7] Lat., agiti. *Antica*: il tempo si dilata, avendone persa la coscienza.
[8] Sciagura, sventura.
[9] Apparenza.

Amor, di te m'accorsi, e[10] il viver mio
Fortuna avea già rotto, ed a questi occhi
Non altro convenia che il pianger sempre.   55
Pur se talvolta per le piagge apriche[11],
Su la tacita aurora o quando al sole
Brillano i tetti e i poggi e le campagne,
Scontro di vaga donzelletta il viso;
O qualor nella placida quiete   60
D'estiva notte, il vagabondo passo
Di rincontro alle ville soffermando,
L'erma terra contemplo, e di fanciulla
Che all'opre di sua man la notte aggiunge[12]
Odo sonar nelle romite stanze   65
L'arguto canto; a palpitar si move
Questo mio cor di sasso: ahi, ma ritorna
Tosto al ferreo sopor; ch'è fatto estrano
Ogni moto soave al petto mio.

   O cara luna, al cui tranquillo raggio   70
Danzan le lepri nelle selve; e duolsi
Alla mattina il cacciator, che trova
L'orme intricate e false, e dai covili
Error vario[13] lo svia; salve, o benigna
Delle notti reina. Infesto scende   75
Il raggio tuo fra macchie e balze o dentro
A deserti edifici, in su l'acciaro
Del pallido ladron ch'a teso orecchio
Il fragor delle rote e de' cavalli
Da lungi osserva o il calpestio de' piedi   80
Su la tacita via; poscia improvviso

[10] Congiunzione paraipotattica: non mi ero quasi ancora accorto di te, ed ecco che ecc.
[11] Campi illuminati dal sole.
[12] Che aggiunge al lavoro del giorno quello della notte. *Arguto*: armonioso.
[13] Il suo vagare qua e là.

Col suon dell'armi e con la rauca voce
E col funereo ceffo il core agghiaccia
Al passegger, cui[14] semivivo e nudo
Lascia in breve tra' sassi. Infesto occorre[15]   85
Per le contrade cittadine il bianco
Tuo lume al drudo vil, che degli alberghi
Va radendo le mura e la secreta
Ombra seguendo, e resta[16], e si spaura
Delle ardenti lucerne e degli aperti   90
Balconi. Infesto alle malvage menti,
A me sempre benigno il tuo cospetto[17]
Sarà per queste piagge, ove non altro
Che lieti colli e spaziosi campi
M'apri alla vista. Ed ancor io soleva,   95
Bench'innocente io fossi, il tuo vezzoso
Raggio accusar[18] negli abitati lochi,
Quand'ei m'offriva al guardo umano, e quando
Scopriva umani aspetti al guardo mio.
Or sempre loderollo, o ch'io ti miri   100
Veleggiar tra le nubi, o che serena
Dominatrice dell'etereo campo[19],
Questa flebil riguardi umana sede.
Me spesso rivedrai solingo e muto
Errar pe' boschi e per le verdi rive,   105
O seder sovra l'erbe, assai contento
Se core e lena a sospirar m'avanza[20].

---

[14] Che, oggetto di *lascia*. *Nudo*: spogliato delle sue ricchezze.
[15] Scende. *Drudo*: adultero; *alberghi*: case.
[16] Si arresta.
[17] Vista; *piagge*, ancora una volta, per "luoghi".
[18] Dolermi della tua luce.
[19] Lo spazio celeste, il cielo. *Flebil*: degna di pianto, infelice.
[20] In quanto segno di sensibilità ancor viva (in antitesi ai vv. 41-3). *Assai* per "abbastanza".

ALLA SUA DONNA[1]

Cara beltà che amore
Lunge m'inspiri o nascondendo il viso[2],
Fuor se nel sonno il core
Ombra diva mi scuoti,
O ne' campi ove splenda   5
Più vago il giorno e di natura il riso;
Forse tu l'innocente
Secol[3] beasti che dall'oro ha nome,
Or leve intra la gente
Anima voli? o te la sorte avara   10
Ch'a noi t'asconde, agli avvenir[4] prepara?

Viva mirarti omai
Nulla spene m'avanza;
S'allor non fosse, allor che ignudo e solo
Per novo calle a peregrina stanza[5]   15
Verrà lo spirto mio. Già sul novello

---

[1] Canzone: ma del modello classico resta solo la costanza del numero di versi per tutte le stanze e il distico a rima baciata che le chiude. Composta a Recanati nel settembre 1823. «La donna, cioè l'innamorata, dell'autore, è una di quelle immagini, uno di quei fantasmi di bellezza e virtù celeste e ineffabile, che ci occorrono spesso alla fantasia, nel sonno e nella veglia, quando siamo poco più che fanciulli, e poi qualche rara volta nel sonno, o in una quasi alienazione di mente, quando siamo giovani. Infine è *la donna che non si trova.*» (L.)

[2] Costruisci: che mi ispiri amore da lontano (*lunge*) o nascondendo il viso, tranne quando (*fuor se*) appari nel sonno come un'ombra divina o ancora nei campi ecc.

[3] Età; l'età dell'oro. *Or.* e ora, lieve spirito, voli ecc.

[4] Ai posteri.

[5] Per strada sconosciuta, in una dimora straniera (*peregrina stanza*).

Aprir di mia giornata[6] incerta e bruna,
Te viatrice in questo arido suolo
Io mi pensai. Ma non è cosa in terra
Che ti somigli; e s'anco pari alcuna   20
Ti fosse al volto, agli atti, alla favella,
Saria, così conforme, assai men bella.

  Fra cotanto dolore
Quanto all'umana età[7] propose il fato,
Se vera e quale il mio pensier ti pinge,   25
Alcun t'amasse in terra, a lui pur fora
Questo viver beato:
E ben chiaro vegg'io siccome ancora
Seguir loda e virtù qual[8] ne' prim'anni
L'amor tuo mi farebbe. Or non aggiunse   30
Il ciel nullo conforto ai nostri affanni;
E teco la mortal vita saria
Simile a quella che nel cielo india[9].

  Per le valli, ove suona
Del faticoso[10] agricoltore il canto,   35
Ed io seggo e mi lagno
Del giovanile error[11] che m'abbandona;
E per li poggi, ov'io rimembro e piagno
I perduti desiri, e la perduta
Speme de' giorni miei; di te pensando,   40
A palpitar mi sveglio. E potess'io,

---

[6] Nella mia giovinezza, all'inizio della mia vita. *Te viatrice*: oggetto di *pensai*: ho creduto che tu fossi guida e compagna ecc.
[7] Vita. *Fora*: sarebbe.
[8] Come (*loda*, arcaico per "lode": gloria). *Tuo*: per te.
[9] Rende conforme a Dio.
[10] Stanco, affaticato.
[11] L'illusione, la capacità d'illudersi, propria della giovinezza.

Nel secol tetro e in questo aer nefando[12],
L'alta specie serbar; che dell'imago,
Poi che del ver m'è tolto, assai m'appago.

  Se dell'eterne idee 45
L'una sei tu[13] cui di sensibil forma
Sdegni l'eterno senno esser vestita,
E fra caduche spoglie
Provar gli affanni di funerea vita;
O s'altra terra ne' superni giri[14] 50
Fra' mondi innumerabili t'accoglie,
E più vaga del Sol prossima stella
T'irraggia, e più benigno etere spiri;
Di qua dove son gli anni infausti e brevi,
Questo d'ignoto amante inno ricevi. 55

---

[12] Allusione polemica al proprio tempo: potessi, in quest'età di decadenza, conservare la tua immagine (*specie*). *Assai*: abbastanza.
[13] Accenna alla teoria platonica delle idee. *L'una... cui*: quella sola, che Dio (*l'eterno senno*) sdegni ecc.
[14] Nei cieli.

A SILVIA[1]

Silvia, rimembri ancora
Quel tempo della tua vita mortale,
Quando beltà splendea
Negli occhi tuoi ridenti e fuggitivi[2],
E tu, lieta e pensosa, il limitare   5
Di gioventù salivi?

Sonavan le quiete
Stanze, e le vie dintorno,
Al tuo perpetuo canto,
Allor che all'opre femminili intenta   10
Sedevi, assai[3] contenta
Di quel vago avvenir che in mente avevi.
Era il maggio odoroso: e tu solevi
Così menare il giorno.

Io gli studi leggiadri   15
Talor lasciando e le sudate[4] carte,
Ove il tempo mio primo
E di me si spendea la miglior parte,
D'in su i veroni del paterno ostello

---

[1] Strofe libere di endecasillabi e settenari. Composto a Pisa dal 19 al 20 aprile 1828. Silvia è identificata con Teresa Fattorini, figlia del cocchiere di casa Leopardi, morta di tisi nel 1818: ma è qui figura e simbolo di un destino universale; ed il suo nome adombra suggestioni letterarie (Silvia si chiama, ad esempio, la protagonista dell'*Aminta* del Tasso).

[2] Schivi. *Limitare*: soglia.

[3] Nel senso arcaico di "abbastanza", "a sufficienza". *Vago*: bello, proprio perché indeterminato.

[4] Sulle quali mi affaticavo.

Porgea gli orecchi al suon della tua voce, 20
Ed alla man veloce
Che percorrea la faticosa tela.
Mirava il ciel sereno,
Le vie dorate e gli orti,
E quinci il mar da lungi, e quindi[5] il monte. 25
Lingua mortal non dice
Quel ch'io sentiva in seno.

   Che pensieri soavi,
Che speranze, che cori[6], o Silvia mia!
Quale allor ci apparia 30
La vita umana e il fato!
Quando sovviemmi di cotanta speme,
Un affetto[7] mi preme
Acerbo e sconsolato,
E tornami a doler di mia sventura. 35
O natura, o natura,
Perché non rendi poi
Quel che prometti allor? perché di tanto
Inganni i figli tuoi?

   Tu pria che l'erbe inaridisse il verno, 40
Da chiuso[8] morbo combattuta e vinta,
Perivi, o tenerella. E non vedevi
Il fior degli anni tuoi;
Non ti molceva[9] il core
La dolce lode or delle negre chiome, 45

---

[5] *Quinci... quindi*: da una parte, dall'altra.
[6] Quali erano allora i nostri cuori. Sentimento.
[7] Sentimento
[8] Occulto, nascosto.
[9] Lusingava.

Or degli sguardi innamorati[10] e schivi;
Né teco le compagne ai dì festivi
Ragionavan d'amore.

   Anche peria fra poco
La speranza mia dolce: agli anni miei   50
Anche negaro i fati
La giovanezza. Ahi come,
Come passata sei,
Cara compagna dell'età mia nova[11],
Mia lacrimata speme!   55
Questo è quel mondo? questi
I diletti, l'amor, l'opre, gli eventi
Onde[12] cotanto ragionammo insieme?
Questa la sorte dell'umane genti?
All'apparir del vero   60
Tu, misera, cadesti: e con la mano
La fredda morte ed una tomba ignuda
Mostravi di lontano.

---

[10] Con valore attivo: che innamorano.
[11] Compagna della mia giovinezza: si rivolge, di qui in poi, non più a Silvia, ma alla speranza.
[12] Di cui.

LE RICORDANZE[1]

  Vaghe stelle dell'Orsa, io non credea
Tornare ancor per uso a contemplarvi
Sul paterno giardino scintillanti,
E ragionar con voi dalle finestre
Di questo albergo[2] ove abitai fanciullo,   5
E delle gioie mie vidi la fine.
Quante immagini un tempo, e quante fole
Creommi nel pensier l'aspetto[3] vostro
E delle luci a voi compagne! allora
Che, tacito, seduto in verde zolla   10
Delle sere io solea passar gran parte
Mirando il cielo, ed ascoltando il canto
Della rana rimota alla campagna!
E la lucciola errava appo[4] le siepi
E in su l'aiuole, sussurrando al vento   15
I viali odorati, ed i cipressi
Là nella selva, e sotto al patrio tetto
Sonavan voci alterne, e le tranquille
Opre de' servi. E che pensieri immensi,
Che dolci sogni mi spirò la vista   20
Di quel lontano mar, quei monti azzurri,
Che di qua scopro, e che varcare un giorno
Io mi pensava, arcani mondi, arcana

[1] Endecasillabi sciolti. Composto a Recanati tra il 26 agosto e il 12 settembre 1829.
[2] Dimora.
[3] La vista vostra e delle altre stelle (luci).
[4] Lat., presso.

Felicità fingendo⁵ al viver mio!
Ignaro del mio fato, e quante volte   25
Questa mia vita dolorosa e nuda
Volentier con la morte avrei cangiato.

   Né mi diceva il cor che l'età verde
Sarei dannato a consumare in questo
Natio borgo selvaggio, intra una gente   30
Zotica, vil; cui nomi strani, e spesso
Argomento⁶ di riso e di trastullo,
Son dottrina e saper; che m'odia e fugge,
Per invidia non già, che non mi tiene
Maggior di sé, ma perché tale estima   35
Ch'io mi tenga in cor mio, sebben di fuori
A persona giammai non ne fo segno.
Qui passo gli anni, abbandonato, occulto,
Senz'amor, senza vita; ed aspro a forza
Tra lo stuol de' malevoli divengo: 40
Qui di pietà mi spoglio e di virtudi,
E sprezzator degli uomini mi rendo,
Per la greggia ch'ho appresso: e intanto vola
Il caro tempo giovanil; più caro
Che la fama e l'allor⁷, più che la pura   45
Luce del giorno, e lo spirar: ti perdo
Senza un diletto, inutilmente, in questo
Soggiorno disumano, intra gli affanni,
O dell'arida vita unico fiore.

   Viene il vento recando il suon dell'ora   50
Dalla torre del borgo. Era conforto
Questo suon, mi rimembra, alle mie notti

---

⁵ Immaginando, dando forma nel pensiero (così al v. 76). *Ignaro*: regge, oltre che *del mio fato*, anche (di) *quante volte*.
⁶ Causa.
⁷ La gloria poetica; *lo spirar*: la vita.

Quando fanciullo, nella buia stanza,
Per assidui terrori io vigilava[8],
Sospirando il mattin. Qui non è cosa   55
Ch'io vegga o senta, onde[9] un'immagin dentro
Non torni, e un dolce rimembrar non sorga.
Dolce per sé; ma con dolor sottentra
Il pensier del presente, un van desio
Del passato, ancor[10] tristo, e il dire: io fui.   60
Quella loggia colà, volta agli estremi
Raggi del dì; queste dipinte mura,
Quei figurati armenti, e il Sol che nasce
Su romita campagna[11], agli ozi miei
Porser mille diletti allor che al fianco   65
M'era, parlando, il mio possente errore[12]
Sempre, ov'io fossi. In queste sale antiche,
Al chiaror delle nevi, intorno a queste
Ampie finestre sibilando il vento,
Rimbombaro i sollazzi e le festose   70
Mie voci al tempo che l'acerbo, indegno
Mistero delle cose a noi si mostra
Pien di dolcezza; indelibata[13], intera
Il garzoncel, come inesperto amante,
La sua vita ingannevole vagheggia,   75
E celeste beltà fingendo ammira.

O speranze, speranze; ameni inganni
Della mia prima età! sempre, parlando,
Ritorno a voi; che per[14] andar di tempo,
Per variar d'affetti e di pensieri,   80

[8] Vegliavo.
[9] *Onde... non*: senza che.
[10] Benché.
[11] Affreschi alle pareti della stanza.
[12] La fantasia che, come se mi parlasse, trasfigurava le cose.
[13] Non gustata.
[14] Con valore concessivo: per quanto passi il tempo ecc.

Obbliarvi non so. Fantasmi, intendo,
Son la gloria e l'onor; diletti e beni
Mero desio; non ha la vita un frutto,
Inutile miseria. E sebben vòti
Son gli anni miei, sebben deserto, oscuro   85
Il mio stato mortal, poco mi toglie
La fortuna, ben veggo. Ahi, ma qualvolta
A voi ripenso, o mie speranze antiche,
Ed a quel caro immaginar mio primo;
Indi riguardo il viver mio sì vile[15]   90
E sì dolente, e che la morte è quello
Che di cotanta speme oggi m'avanza;
Sento serrarmi il cor, sento ch'al tutto
Consolarmi non so del mio destino.
E quando pur questa invocata morte   95
Sarammi allato, e sarà giunto il fine
Della sventura mia; quando la terra
Mi fia straniera valle, e dal mio sguardo
Fuggirà l'avvenir; di voi per certo
Risovverrammi; e quell'imago ancora   100
Sospirar mi farà, farammi acerbo
L'esser vissuto indarno, e la dolcezza
Del dì fatal tempererà d'affanno[16].

  E già nel primo giovanil tumulto
Di contenti, d'angosce e di desio,   105
Morte chiamai più volte, e lungamente
Mi sedetti colà su la fontana
Pensoso di cessar dentro quell'acque
La speme e il dolor mio. Poscia, per cieco[17]
Malor, condotto della vita in forse,   110
Piansi la bella giovanezza, e il fiore

[15] Di poco pregio.
[16] Mescolerà di amarezza il sollievo della morte.
[17] Occulto.

De' miei poveri dì, che sì per tempo
Cadeva: e spesso all'ore tarde, assiso
Sul conscio[18] letto, dolorosamente
Alla fioca lucerna poetando,   115
Lamentai co' silenzi e con la notte
Il fuggitivo spirto[19], ed a me stesso
In sul languir cantai funereo canto.

Chi rimembrar vi può senza sospiri,
O primo entrar di giovinezza, o giorni   120
Vezzosi, inenarrabili, allor quando
Al rapito mortal primieramente
Sorridon le donzelle; a gara intorno
Ogni cosa sorride; invidia tace,
Non desta ancora ovver benigna; e quasi   125
(Inusitata maraviglia!) il mondo
La destra soccorrevole gli porge,
Scusa gli errori suoi, festeggia il novo
Suo venir nella vita, ed inchinando
Mostra che per signor l'accolga e chiami?   130
Fugaci giorni! a somigliar d'un lampo
Son dileguati. E qual mortale ignaro
Di sventura esser può, se a lui già scorsa
Quella vaga stagion, se il suo buon tempo,
Se giovanezza, ahi giovanezza, è spenta?   135

O Nerina[20]! e di te forse non odo
Questi luoghi parlar? caduta forse

---

[18] Testimone del mio affanno.
[19] La vita che fuggiva.
[20] Forse si tratta di Teresa Fattorini, la fanciulla di *A Silvia*, o di altra ancora; ma la persona reale non conta. Anche qui il nome poetico adombra una suggestione letteraria: Nerina è una compagna di Silvia, la protagonista dell'*Aminta* del Tasso.

Dal mio pensier sei tu? Dove sei gita[21],
Che qui sola di te la ricordanza
Trovo, dolcezza mia? Più non ti vede   140
Questa Terra natal: quella finestra,
Ond'eri usata[22] favellarmi, ed onde
Mesto riluce delle stelle il raggio,
È deserta. Ove sei, che più non odo
La tua voce sonar, siccome un giorno,   145
Quando soleva ogni lontano accento
Del labbro tuo, ch'a me giungesse, il volto
Scolorarmi? Altro tempo. I giorni tuoi
Furo, mio dolce amor. Passasti. Ad altri
Il passar per la terra oggi è sortito[23],   150
E l'abitar questi odorati colli.
Ma rapida passasti; e come un sogno
Fu la tua vita. Ivi[24] danzando; in fronte
La gioia ti splendea, splendea negli occhi
Quel confidente immaginar, quel lume   155
Di gioventù, quando spegneali il fato,
E giacevi. Ahi Nerina! In cor mi regna
L'antico amor. Se a feste anco talvolta,
Se a radunanze io movo, infra me stesso
Dico: o Nerina, a radunanze, a feste   160
Tu non ti acconci più, tu più non movi.
Se torna maggio, e ramoscelli e suoni
Van gli amanti recando alle fanciulle,
Dico: Nerina mia, per te non torna
Primavera giammai, non torna amore.   165
Ogni giorno sereno, ogni fiorita

[21] Andata.
[22] Dalla quale eri solita.
[23] È dato in sorte.
[24] Andavi.

Piaggia[25] ch'io miro, ogni goder ch'io sento,
Dico: Nerina or più non gode; i campi,
L'aria non mira. Ahi tu passasti, eterno
Sospiro mio: passasti: e fia compagna   170
D'ogni mio vago immaginar, di tutti
I miei teneri sensi[26], i tristi e cari
Moti del cor, la rimembranza acerba.

---

[25] Luogo in generale; prato.
[26] Sentimenti.

CANTO NOTTURNO
DI UN PASTORE ERRANTE DELL'ASIA[1]

    Che fai tu, luna in ciel? dimmi, che fai,
Silenziosa luna?
Sorgi la sera, e vai,
Contemplando i deserti; indi ti posi.
Ancor non sei tu paga   5
Di riandare i sempiterni calli[2]?
Ancor non prendi a schivo, ancor sei vaga
Di mirar queste valli?
Somiglia alla tua vita
La vita del pastore.   10
Sorge in sul primo albore;
Move la greggia oltre pel campo, e vede
Greggi, fontane ed erbe;
Poi stanco si riposa in su la sera:
Altro mai non ispera.   15
Dimmi, o luna: a che vale
Al pastor la sua vita,
La vostra vita a voi? dimmi: ove tende
Questo vagar mio breve
Il tuo corso immortale?   20

    Vecchierel bianco, infermo,
Mezzo vestito e scalzo,

---

[1] Strofe libere di endecasillabi e settenari. Composto a Recanati tra il 22 ottobre 1829 e il 9 aprile 1830.
[2] Di ripercorrere eternamente le vie del cielo. *Schivo*: noia; *vaga*: desiderosa.

Con gravissimo fascio[3] in su le spalle,
Per montagna e per valle,
Per sassi acuti, ed alta rena[4], e fratte, 25
Al vento, alla tempesta, e quando avvampa
L'ora, e quando poi gela,
Corre via, corre, anela,
Varca torrenti e stagni,
Cade, risorge, e più e più s'affretta, 30
Senza posa o ristoro,
Lacero, sanguinoso; infin ch'arriva
Colà dove la via
E dove il tanto affaticar fu volto:
Abisso orrido, immenso[5], 35
Ov'ei precipitando, il tutto obblia.
Vergine luna, tale
È la vita mortale.

   Nasce l'uomo a fatica,
Ed è rischio di morte il nascimento[6]. 40
Prova pena e tormento
Per prima cosa; e in sul principio stesso
La madre e il genitore
Il prende a consolar[7] dell'esser nato.
Poi che crescendo viene, 45
L'uno e l'altro il sostiene, e via pur sempre
Con atti e con parole
Studiasi fargli core[8],
E consolarlo dell'umano stato:
Altro ufficio più grato 50

[3] Peso, carico.
[4] Sabbia profonda; *fratte*: declivi ingombri di sterpi.
[5] Spiega *colà* del v. 33. Fuor di metafora, la morte.
[6] E già il nascere rappresenta per lui il primo rischio di morte.
[7] Comincia a consolarlo.
[8] Cerca di fargli coraggio.

Non si fa da parenti[9] alla lor prole.
Ma perché dare al sole,
Perché reggere in vita
Chi poi di quella consolar convenga[10]?
Se la vita è sventura, 55
Perché da noi si dura[11]?
Intatta luna, tale
È lo stato mortale.
Ma tu mortal non sei,
E forse del mio dir poco ti cale. 60

  Pur tu, solinga, eterna peregrina,
Che sì pensosa sei, tu forse intendi,
Questo viver terreno,
Il patir nostro, il sospirar, che sia;
Che sia questo morir, questo supremo 65
Scolorar del sembiante[12],
E perir dalla terra, e venir meno
Ad ogni usata, amante compagnia.
E tu certo comprendi
Il perché delle cose, e vedi il frutto 70
Del mattin, della sera,
Del tacito, infinito andar del tempo.
Tu sai, tu certo, a qual suo dolce amore
Rida la primavera[13],
A chi giovi l'ardore, e che procacci 75
Il verno co' suoi ghiacci.
Mille cose sai tu, mille discopri,
Che son celate al semplice pastore.
Spesso quand'io ti miro

[9] Lat.: non può esser fatto da genitori.
[10] Sia necessario.
[11] Continuiamo a sopportare.
[12] Intendi: nel pallore della morte.
[13] Intendi: come un amante all'amato.

Star così muta in sul deserto piano, 80
Che, in suo giro[14] lontano, al ciel confina;
Ovver con la mia greggia
Seguirmi viaggiando a mano a mano;
E quando miro in cielo arder le stelle;
Dico fra me pensando: 85
A che tante facelle[15]?
Che fa l'aria infinita, e quel profondo
Infinito seren? che vuol dir questa
Solitudine immensa? ed io che sono?
Così meco ragiono: e della stanza[16] 90
Smisurata e superba,
E dell'innumerabile famiglia[17];
Poi di tanto adoprar, di tanti moti
D'ogni celeste, ogni terrena cosa,
Girando[18] senza posa, 95
Per tornar sempre là donde son mosse;
Uso alcuno, alcun frutto
Indovinar non so. Ma tu per certo,
Giovinetta immortal, conosci il tutto.
Questo io conosco e sento, 100
Che degli eterni giri[19],
Che dell'esser mio frale,
Qualche bene o contento
Avrà fors'altri; a me la vita è male.

  O greggia mia che posi, oh te beata 105
Che la miseria tua, credo, non sai!
Quanta invidia ti porto!
Non sol perché d'affanno

---

[14] Il cerchio dell'orizzonte.
[15] Luci: stelle.
[16] Sede: l'universo.
[17] Gli esseri viventi. *Di tanto adoprar*: di tanto affaticarsi.
[18] Il gerundio qui ha valore di participio.
[19] Cieli, astri. *Frale*: fragile.

Quasi libera vai;
Ch'ogni stento, ogni danno, 110
Ogni estremo timor subito scordi;
Ma più perché giammai tedio non provi.
Quando tu siedi all'ombra, sovra l'erbe,
Tu se' queta e contenta;
E gran parte dell'anno 115
Senza noia consumi in quello stato.
Ed io pur seggo sovra l'erbe, all'ombra,
E un fastidio m'ingombra
La mente, ed uno spron quasi mi punge
Sì che, sedendo, più che mai son lunge 120
Da trovar pace o loco.
E pur nulla non bramo,
E non ho fino a qui cagion di pianto.
Quel che tu goda o quanto,
Non so già dir; ma fortunata sei. 125
Ed io godo ancor[20] poco,
O greggia mia, né di ciò sol mi lagno.
Se tu parlar sapessi, io chiederei:
Dimmi: perché giacendo
A bell'agio, ozioso, 130
S'appaga ogni animale;
Me, s'io giaccio in riposo, il tedio assale?

   Forse s'avess'io l'ale
Da volar su le nubi,
E noverar le stelle ad una ad una, 135
O come il tuono errar di giogo in giogo,
Più felice sarei, dolce mia greggia,
Più felice sarei, candida luna.

---

[20] Inoltre, in aggiunta.

O forse erra dal vero[21],
Mirando all'altrui sorte, il mio pensiero: 140
Forse in qual forma, in quale
Stato che sia, dentro covile o cuna,
È funesto a chi nasce il dì natale.

---

[21] Si allontana dalla verità.

LA QUIETE DOPO LA TEMPESTA[1]

    Passata è la tempesta:
odo augelli far festa, e la gallina,
Tornata in su la via,
Che ripete il suo verso. Ecco il sereno
Rompe là da ponente, alla montagna[2];   5
Sgombrasi la campagna,
E chiaro nella valle il fiume appare.
Ogni cor si rallegra, in ogni lato
Risorge il romorio,
Torna il lavoro usato.   10
L'artigiano a mirar l'umido cielo,
Con l'opra in man, cantando,
Fassi in su l'uscio; a prova[3]
Vien fuor la femminetta a còr dell'acqua
Della novella piova;   15
E l'erbaiuol rinnova
Di sentiero in sentiero
Il grido giornaliero.
Ecco il Sol che ritorna, ecco sorride
Per li poggi e le ville. Apre i balconi,   20
Apre terrazzi e logge la famiglia[4];
E, dalla via corrente, odi lontano
Tintinnio di sonagli; il carro stride
Del passegger che il suo cammin ripiglia.

[1] Strofe libere di endecasillabi e settenari. Composto a Recanati tra il 17 e il 20 settembre 1829.
[2] Verso la montagna, dalla parte della montagna.
[3] A gara; *còr*: cogliere, attingere.
[4] Arcaismo: la servitù; *via corrente*: la via maestra.

Si rallegra ogni core 25
Sì dolce, sì gradita
Quand'è, com'or, la vita?
Quando con tanto amore
L'uomo a' suoi studi[5] intende?
O torna all'opre? o cosa nova imprende? 30
Quando de' mali suoi men si ricorda?
Piacer figlio d'affanno[6];
Gioia vana, ch'è frutto
Del passato timore, onde[7] si scosse
E paventò la morte 35
Chi la vita abborria;
Onde in lungo tormento,
Fredde, tacite, smorte,
Sudàr le genti e palpitàr, vedendo
Mossi alle nostre offese[8] 40
Folgori, nembi e vento.

   O natura cortese[9],
Son questi i doni tuoi,
Questi i diletti sono
Che tu porgi ai mortali. Uscir di pena 45
È diletto fra noi.
Pene tu spargi a larga mano; il duolo
Spontaneo sorge: e di piacer, quel tanto
Che per mostro[10] e miracolo talvolta
Nasce d'affanno, è gran guadagno. Umana 50
Prole cara agli eterni! assai felice

   [5] Lat., occupazioni.
   [6] Il piacere non esiste di per sé, ma deriva semplicemente dalla sospensione del dolore.
   [7] A causa del quale anche chi aborriva la vita ecc.
   [8] Ad offenderci.
   [9] Benigna, generosa (detto per ironia).
   [10] Lat., prodigio.

Se respirar ti lice
D'alcun dolor: beata
Se te d'ogni dolor morte risana.

IL SABATO DEL VILLAGGIO[1]

La donzelletta vien dalla campagna,
In sul calar del sole,
Col suo fascio dell'erba, e reca in mano
Un mazzolin di rose e di viole,
Onde[2], siccome suole,   5
Ornare ella si appresta
Dimani, al dì di festa, il petto e il crine.
Siede con le vicine
Su la scala a filar la vecchierella,
Incontro là dove si perde il giorno[3];   10
E novellando vien del suo buon tempo,
Quando ai dì della festa ella si ornava,
Ed ancor sana e snella
Solea danzar la sera intra di quei[4]
Ch'ebbe compagni dell'età più bella.   15
Già tutta l'aria imbruna,
Torna azzurro il sereno, e tornan l'ombre
Giù da' colli e da' tetti,
Al biancheggiar della recente luna.
Or la squilla dà segno   20
Della festa che viene;
Ed a quel suon diresti
Che il cor si riconforta.
I fanciulli gridando
Su la piazzuola in frotta,   25

[1] Strofe libere di endecasillabi e settenari. Composto a Recanati tra il 20 e il 29 settembre 1829.
[2] Con cui.
[3] Volta verso occidente; *novellando*: raccontando.
[4] In mezzo, insieme a coloro.

E qua e là saltando,
Fanno un lieto romore:
E intanto riede alla sua parca mensa,
Fischiando, il zappatore,
E seco pensa al dì del suo riposo.   30

   Poi quando intorno è spenta ogni altra face[5],
E tutto l'altro tace,
Odi il martel picchiare, odi la sega
Del legnaiuol, che veglia
Nella chiusa bottega alla lucerna,   35
E s'affretta, e s'adopra
Di fornir[6] l'opra anzi il chiarir dell'alba.

   Questo di sette è il più gradito giorno,
Pien di speme e di gioia:
Diman tristezza e noia   40
Recheran l'ore, ed al travaglio usato
Ciascuno in suo pensier farà ritorno.

   Garzoncello scherzoso[7],
Cotesta età fiorita
È come un giorno d'allegrezza pieno,   45
Giorno chiaro, sereno,
Che precorre alla festa di tua vita.
Godi, fanciullo mio; stato soave,
Stagion lieta è cotesta.
Altro dirti non vo'; ma la tua festa   50
Ch'anco tardi a venir non ti sia grave[8].

---

[5] Lume. *Tutto l'altro*: ogni altra cosa.
[6] Finire.
[7] Per il quale appunto, come dirà poi, la vita futura ancora è vagheggiata come una festa.
[8] Non ti dispiaccia che la tua festa, l'età matura, tardi ancora a venire.

IL PENSIERO DOMINANTE[1]

   Dolcissimo, possente
Dominator di mia profonda mente[2];
Terribile, ma caro
Dono del ciel; consorte[3]
Ai lùgubri miei giorni,   5
Pensier che innanzi a me sì spesso torni.

   Di tua natura arcana
Chi non favella? il suo poter fra noi
Chi non sentì? Pur sempre
Che[4] in dir gli effetti suoi   10
Le umane lingue il sentir proprio sprona,
Par novo ad ascoltare ciò ch'ei ragiona.

   Come solinga è fatta
La mente mia d'allora
Che[5] tu quivi prendesti a far dimora!   15
Ratto d'intorno intorno al par del lampo
Gli altri pensieri miei
Tutti si dileguàr. Siccome torre

---

[1] Strofe libere di endecasillabi e settenari. La data di composizione è incerta, entro un periodo che va comunque dal '31 al '35. Con ogni probabilità, invece, può dirsi che questa – come le due seguenti e con *Amore e morte* e il *Consalvo* – furono ispirate all'amore non corrisposto per Fanny Targioni Tozzetti, conosciuta a Firenze nel 1830: è plausibile tuttavia che la vicenda sentimentale adombrata in questi canti abbia avuto svolgimento a partire dal '33, e a tale anno quindi andrebbe assegnato *Il pensiero dominante*.
[2] Lat.: del profondo della mia anima.
[3] Compagno.
[4] Tuttavia, ogni volta che; soggetto è *il sentir proprio*, l'intimo sentimento.
[5] Da quando.

In solitario campo,
Tu stai solo, gigante, in mezzo a lei.   20

   Che divenute son, fuor di te solo,
Tutte l'opre terrene,
Tutta intera la vita al guardo mio!
Che intollerabil noia
Gli ozi, i commerci usati[6],   25
E di vano piacer la vana spene,
Allato a[7] quella gioia,
Gioia celeste che da te mi viene!

   Come da' nudi sassi
Dello scabro Apennino   30
A un campo verde che lontan sorrida
Volge gli occhi bramoso il pellegrino;
Tal io dal secco ed aspro[8]
Mondano conversar vogliosamente,
Quasi in lieto giardino, a te ritorno,   35
E ristora i miei sensi il tuo soggiorno[9].

   Quasi incredibil parmi
Che la vita infelice e il mondo sciocco
Già per gran tempo assai
Senza te sopportai;   40
Quasi intender non posso
Come d'altri desiri,
Fuor ch'a te somiglianti, altri[10] sospiri.

---

[6] La compagnia familiare degli altri uomini.
[7] A confronto di.
[8] Arido e molesto.
[9] Il soggiornare, il dimorare con te.
[10] Soggetto impersonale: come ci possa essere chi sospiri ecc.

Giammai d'allor che in pria[11]
Questa vita che sia per prova intesi,   45
Timor di morte non mi strinse il petto.
Oggi mi pare un gioco
Quella[12] che il mondo inetto,
Talor lodando, ognora abborre e trema,
Necessitade estrema;   50
E se periglio appar, con un sorriso
Le sue minacce a contemplar m'affiso.

   Sempre i codardi, e l'alme
Ingenerose[13], abbiette
Ebbi in dispregio. Or punge ogni atto indegno   55
Subito i sensi miei;
Move l'alma ogni esempio
Dell'umana viltà subito a sdegno.
Di questa età superba,
Che di vote speranze si nutrica[14],   60
Vaga di ciance, e di virtù nemica;
Stolta, che l'util chiede,
E inutile la vita
Quindi[15] più sempre divenir non vede;
Maggior mi sento. A scherno   65
Ho gli umani giudizi; e il vario volgo
A' bei pensieri infesto,
E degno tuo[16] disprezzator, calpesto.

[11] Da quando per la prima volta.
[12] Da unire a *necessitade estrema* (la morte); *ognora*: sempre. Nota l'uso transitivo di *trema*.
[13] Ignobili.
[14] Si nutre; *vaga*: desiderosa, amante. In questi versi si affaccia la polemica contro la cultura liberale fiorentina e il suo privilegiamento delle scienze economiche e sociali (*l'util*).
[15] In conseguenza di ciò.
[16] Di te, del pensiero d'amore.

    A quello onde tu movi,
Quale affetto non cede[17]?   70
Anzi qual altro affetto
Se non quell'uno[18] intra i mortali ha sede?
Avarizia, superbia, odio, disdegno,
Studio[19] d'onor, di regno,
Che sono altro che voglie   75
Al paragon di lui? Solo un affetto
Vive tra noi: quest'uno,
Prepotente[20] signore,
Dieder l'eterne leggi all'uman core.

    Pregio non ha, non ha ragion la vita   80
Se non per lui, per lui ch'all'uomo è tutto;
Sola discolpa al fato,
Che noi mortali in terra
Pose a tanto patir senz'altro frutto;
Solo per cui talvolta,   85
Non alla gente stolta, al cor non vile
La vita della morte è più gentile[21].

    Per còr le gioie tue, dolce pensiero,
Provar gli umani affanni,
E sostener molt'anni   90
Questa vita mortal, fu non indegno[22];
Ed ancor tornerei,
Così qual son de' nostri mali esperto,

---

[17] Quale sentimento non è inferiore a quello (l'amore) dal quale tu (il pensiero) trai origine.
[18] Quello solo (così al v. 77, *quest'uno*).
[19] Lat., desiderio, cupidigia. *Voglie*: in contrapposizione ad *affetto*: desideri volgari.
[20] Superlativo: potente sopra ogni altro. *L'eterne leggi*: intendi, del fato.
[21] Più nobile, di più valore
[22] Fu cosa degna, che valeva la pena: per arrivare appunto a cogliere (*còr*) ecc.

Verso un tal segno a incominciare il corso[23]:
Che tra le sabbie e tra il vipereo morso, 95
Giammai finor sì stanco
Per lo mortal deserto[24]
Non venni a te, che queste nostre pene
Vincer non mi paresse un tanto bene.

   Che mondo mai, che nova 100
Immensità, che paradiso è quello
Là dove spesso il tuo stupendo incanto
Parmi innalzar[25]! dov'io,
Sott'altra luce che l'usata errando,
Il mio terreno stato 105
E tutto quanto il ver pongo in obblio!
Tali son, credo, i sogni
Degl'immortali. Ahi finalmente un sogno[26]
In molta parte onde s'abbella il vero
Sei tu, dolce pensiero; 110
Sogno e palese error. Ma di natura,
Infra i leggiadri errori,
Divina sei[27]; perché sì viva e forte,
Che incontro al ver tenacemente dura,
E spesso al ver s'adegua, 115
Né si dilegua pria, che in grembo a morte.

   E tu per certo, o mio pensier, tu solo

---

[23] Tornerei a cominciare il viaggio, per giungere a tale meta (*segno*). Poiché (*Che*) ecc.
[24] Il deserto della vita umana; di qui appunto la metafora *tra le sabbie e tra il vipereo morso*.
[25] Sembra innalzarmi, riempiendomi di stupore (*stupendo*).
[26] In realtà (*finalmente*) soltanto un sogno in gran parte: in virtù del quale (*onde*) la triste verità delle cose si copre di belle parvenze.
[27] Ma, fra tutte le belle illusioni, tu hai natura divina, tale da resistere al vero o addirittura prenderne le apparenze.

Vitale ai giorni miei[28],
Cagion diletta d'infiniti affanni,
Meco sarai per morte a un tempo spento: 120
Ch'a vivi segni dentro l'alma io sento
Che in perpetuo signor dato mi sei.
Altri gentili inganni[29]
Soleami il vero aspetto
Più sempre infievolir. Quanto più torno   125
A riveder colei
Della qual teco ragionando io vivo,
Cresce quel gran diletto,
Cresce quel gran delirio, ond'io respiro[30].
Angelica beltade!   130
Parmi ogni più bel volto, ovunque io miro,
Quasi una finta imago[31]
Il tuo volto imitar. Tu sola fonte
D'ogni altra leggiadria,
Sola vera beltà parmi che sia.   135

    Da che ti vidi pria,
Di qual mia seria cura ultimo obbietto[32]
Non fosti tu? quanto del giorno è scorso,
Ch'io di te non pensassi? ai sogni miei
La tua sovrana imago   140
Quante volte mancò? Bella qual sogno,
Angelica sembianza,
Nella terrena stanza[33],
Nell'alte vie dell'universo intero,

[28] Capace di dar vita ai miei giorni.
[29] Intendi: la vista della donna vera era solita affievolire l'incanto ingannevole da essa suscitato. Ora invece ecc.
[30] In virtù del quale io vivo.
[31] Come se fosse una figura dipinta. Soggetto è *ogni più bel volto*.
[32] Oggetto, scopo.
[33] Dimora; in terra.

Che chiedo io mai, che spero
Altro che gli occhi tuoi veder più vago[34]?
Altro più dolce aver che il tuo pensiero?

---

[34] Bello, caro; *il tuo pensiero*: il pensiero di te.

A SE STESSO[1]

Or poserai per sempre,
Stanco mio cor. Perì l'inganno estremo[2],
Ch'eterno io mi credei. Perì. Ben sento,
In noi di cari inganni,
Non che la speme, il desiderio è spento.   5
Posa per sempre. Assai[3]
Palpitasti. Non val cosa nessuna
I moti tuoi, né di sospiri è degna
La terra. Amaro e noia
La vita, altro mai nulla; e fango è il mondo.   10
T'acqueta omai. Dispera
L'ultima volta. Al gener nostro il fato
Non donò che il morire. Omai disprezza
Te, la natura, il brutto
Poter[4] che, ascoso, a comun danno impera,   15
E l'infinita vanità del tutto.

---

[1] Strofa libera di endecasillabi e settenari. Con il canto seguente, chiude il ciclo di Aspasia, e va assegnato agli anni fra il '33 e il '35, presumibilmente vicino alla seconda data.
[2] Ultimo: l'amore per Aspasia; e, con esso, ogni altra illusione.
[3] Abbastanza, o, anche, "troppo".
[4] Non è apposizione di *natura* ma anch'esso, come *te*, *natura* e *vanità*, complemento oggetto dell'imperativo *disprezza*: e indica la legge misteriosa che, governando occulta l'universo, lo indirizza a un fine che è male per ogni creatura.

ASPASIA[1]

Torna dinanzi al mio pensier talora
ll tuo sembiante, Aspasia. O fuggitivo[2]
Per abitati lochi a me lampeggia
In altri volti; o per deserti campi,
Al dì sereno, alle tacenti stelle,   5
Da soave armonia quasi ridesta,
Nell'alma a sgomentarsi ancor vicina
Quella superba vision risorge.
Quanto adorata, o numi, e quale un giorno
Mia delizia ed erinni[3]! E mai non sento   10
Mover profumo di fiorita piaggia,
Né di fiori olezzar vie cittadine,
Ch'io non ti vegga ancor qual eri il giorno
Che ne' vezzosi appartamenti accolta,
Tutti odorati de' novelli fiori   15
Di primavera, del color vestita
Della bruna viola, a me si offerse
L'angelica tua forma[4], inchino il fianco
Sovra nitide pelli, e circonfusa
D'arcana voluttà; quando tu, dotta[5]   20
Allettatrice, fervidi sonanti
Baci scoccavi nelle curve labbra
De' tuoi bambini, il niveo collo intanto

[1] Endecasillabi sciolti; per la datazione, cfr. la n. 1 al canto precedente. Sotto il nome di Aspasia (l'etéra amata da Pericle) si cela Fanny Targioni Tozzetti.
[2] Con valore avverbiale: fuggevolmente.
[3] Tormento.
[4] Lat., bellezza.
[5] Maliziosa, esperta.

Porgendo, e lor di tue cagioni[6] ignari
Con la man leggiadrissima stringevi   25
Al seno ascoso e desiato. Apparve
Novo ciel, nova terra, e quasi un raggio
Divino al pensier mio. Così nel fianco
Non punto inerme[7] a viva forza impresse
Il tuo braccio lo stral, che poscia fitto   30
Ululando portai finch'a quel giorno
Si fu due volte ricondotto il sole[8].

   Raggio divino al mio pensiero apparve,
Donna, la tua beltà. Simile effetto
Fan la bellezza e i musicali accordi,   35
Ch'alto mistero d'ignorati Elisi[9]
Paion sovente rivelar. Vagheggia
Il piagato mortal quindi la figlia
Della sua mente, l'amorosa idea[10],
Che gran parte d'Olimpo in sé racchiude,   40
Tutta al volto ai costumi alla favella
Pari alla donna che il rapito amante
Vagheggiare ed amar confuso estima.
Or questa egli non già, ma quella[11], ancora
Nei corporali amplessi, inchina ed ama.   45
Alfin l'errore e gli scambiati oggetti
Conoscendo, s'adira; e spesso incolpa
La donna a torto. A quella eccelsa imago

---

[6] Delle intenzioni con cui compivi quei gesti.
[7] Nel cuore non certo disarmato. L'immagine dello strale è metafora, ovviamente, della passione amorosa. *Impresse*: conficcò.
[8] Per due anni.
[9] Paradisi.
[10] Intendi: l'uomo ferito dalla piaga di amore da allora in poi (*quindi*) vagheggia non la donna reale, bensì l'idea che la sua immaginazione, mossa e ispirata da quella bellezza, ha cristallizzato, tale da incarnare ogni beatitudine (*Olimpo*), e simile in tutto, come una copia, alla donna che ne ha dato l'occasione: e l'amante appunto confonde e scambia l'una cosa con l'altra.
[11] Non la donna reale ma l'amorosa idea egli riverisce (*inchina*) ed ama, persino (*ancora*) nei *corporali amplessi*.

Sorge di rado il femminile ingegno[12];
E ciò che inspira ai generosi amanti										50
La sua stessa beltà, donna non pensa,
Né comprender potria. Non cape[13] in quelle
Anguste fronti ugual concetto. E male
Al vivo sfolgorar di quegli sguardi
Spera l'uomo ingannato, e mal richiede							55
Sensi profondi, sconosciuti, e molto
Più che virili, in chi dell'uomo al tutto
Da natura[14] è minor. Che se più molli
E più tenui le membra, essa la mente
Men capace e men forte anco riceve.								60

  Né tu finor giammai quel che tu stessa
Inspirasti alcun tempo al mio pensiero,
Potesti, Aspasia, immaginar. Non sai
Che smisurato amor, che affanni intensi,
Che indicibili moti e che deliri									65
Movesti in me; né verrà tempo alcuno
Che tu l'intenda. In simil guisa ignora
Esecutor di musici concenti
Quel ch'ei con mano o con la voce adopra[15]
In chi l'ascolta. Or quell'Aspasia è morta						70
Che tanto amai. Giace per sempre, oggetto
Della mia vita un dì: se non se quanto[16],
Pur come cara larva, ad ora ad ora
Tornar costuma e disparir. Tu vivi,
Bella non solo ancor, ma bella tanto,								75
Al parer mio, che tutte l'altre avanzi.

[12] Lat., anima, natura.
[13] Non c'è posto in quelle ristrette menti per un'immagine così alta quale la donna stessa ha pure suscitato.
[14] Per natura.
[15] Opera.
[16] Se non in quanto usa tornare e sparire, ma ormai solo (*pur*) come ombra, sogno.

Pur quell'ardor che da te nacque è spento:
Perch'io te non amai, ma quella Diva
Che già vita, or sepolcro, ha nel mio core.
Quella adorai gran tempo; e sì mi piacque   80
Sua celeste beltà, ch'io, per insino[17]
Già dal principio conoscente e chiaro
Dell'esser tuo, dell'arti e delle frodi,
Pur ne' tuoi contemplando i suoi begli occhi,
Cupido ti seguii finch'ella visse,   85
Ingannato non già, ma dal piacere
Di quella dolce somiglianza un lungo
Servaggio ed aspro a tollerar condotto.

   Or ti vanta, che il puoi. Narra che sola
Sei del tuo sesso a cui piegar sostenni[18]   90
L'altero capo, a cui spontaneo porsi
L'indomito mio cor. Narra che prima,
E spero ultima certo, il ciglio mio
Supplichevol vedesti, a te dinanzi
Me timido, tremante (ardo in ridirlo   95
Di sdegno e di rossor), me di me privo,
Ogni tua voglia, ogni parola, ogni atto
Spiar sommessamente, a' tuoi superbi
Fastidi[19] impallidir, brillare in volto
Ad un segno cortese, ad ogni sguardo   100
Mutar forma e color. Cadde l'incanto,
E spezzato con esso, a terra sparso
Il giogo: onde m'allegro. E sebben pieni[20]
Di tedio, alfin dopo il servire e dopo
Un lungo vaneggiar, contento abbraccio   105

[17] Perfino; pur essendo fin dall'inizio consapevole di ciò che sei realmente.
[18] Tollerai di piegare.
[19] Segni di fastidio.
[20] Concorda con *senno* e *libertà* del v. 106.

Senno con libertà. Che se d'affetti
Orba[21] la vita, e di gentili errori,
È notte senza stelle a mezzo il verno,
Già del fato mortale a me bastante
E conforto e vendetta è che su l'erba   110
Qui neghittoso immobile giacendo,
Il mar la terra e il ciel miro e sorrido.

---

[21] Priva. Costruisci: se la vita, priva di affetti e nobili illusioni, è come una notte ecc.

SOPRA
UN BASSO RILIEVO ANTICO SEPOLCRALE,
DOVE UNA GIOVANE MORTA
È RAPPRESENTATA IN ATTO DI PARTIRE,
ACCOMIATANDOSI DAI SUOI[1]

Dove vai? chi ti chiama?
Lunge dai cari tuoi,
Bellissima donzella?
Sola, peregrinando, il patrio tetto
Sì per tempo abbandoni? a queste soglie   5
Tornerai tu? farai tu lieti un giorno
Questi ch'oggi ti son piangendo intorno?

Asciutto il ciglio ed animosa in atto,
Ma pur mesta sei tu. Grata la via
O dispiacevol sia, tristo il ricetto[2]   10
A cui movi o giocondo,
Da quel tuo grave aspetto
Mal s'indovina. Ahi ahi, né già potria
Fermare[3] io stesso in me, né forse al mondo
S'intese ancor, se in disfavore al cielo,   15
Se cara[4] esser nomata,
Se misera tu debbi o fortunata.

Morte ti chiama; al cominciar del giorno[5]
L'ultimo istante. Al nido onde ti parti[6],
Non tornerai. L'aspetto   20
De' tuoi dolci parenti

---

[1] Strofe libere di endecasillabi e settenari. Composto, come il seguente, fra il '31 e il '35, ma probabilmente durante il periodo napoletano, nel '34-'35.
[2] Il luogo che ti accoglierà.
[3] Stabilire.
[4] Intendi, al cielo.
[5] Della vita.
[6] Al nido da cui ti allontani. *Aspetto*: vista

Lasci per sempre. Il loco
A cui movi, è sotterra:
Ivi fia d'ogni tempo il tuo soggiorno,
Forse beata sei; ma pur chi mira,   25
Seco pensando, al tuo destin, sospira.

   Mai non veder la luce
Era, credo, il miglior[7]. Ma nata, al tempo
Che reina bellezza si dispiega
Nelle membra e nel volto,   30
Ed incomincia il mondo
Verso lei di lontano ad atterrarsi[8];
In sul fiorir d'ogni speranza, e molto
Prima che incontro alla festosa fronte
I lùgubri suoi lampi il ver baleni;   35
Come vapore in nuvoletta accolto[9]
Sotto forme fugaci all'orizzonte,
Dileguarsi così quasi non sorta,
E cangiar con gli oscuri
Silenzi della tomba i dì futuri,   40
Questo se all'intelletto
Appar felice, invade
D'alta pietade ai più costanti[10] il petto.

   Madre temuta e pianta
Dal nascer già dell'animal famiglia[11],   45
Natura, illaudabil maraviglia,
Che per uccider partorisci e nutri,
Se danno è del mortale
Immaturo perir, come il consenti

---

[7] La cosa migliore.
[8] Inchinarsi.
[9] Addensato.
[10] Persino a chi è più forte davanti alle sciagure. *Alta*: profonda.
[11] Madre delle creature viventi (*animal famiglia*), oggetto di timore e causa di pianto fin dalla loro nascita. *Natura*: vocativo.

In quei capi innocenti? 50
Se ben, perché funesta,
Perché sovra ogni male,
A chi si parte, a chi rimane in vita,
Inconsolabil fai tal dipartita?

    Misera ovunque miri, 55
Misera onde[12] si volga, ove ricorra,
Questa sensibil prole!
Piacqueti che delusa
Fosse ancor dalla vita[13]
La speme giovanil; piena d'affanni 60
L'onda degli anni; ai mali unico schermo
La morte; e questa inevitabil segno[14],
Questa, immutata legge
Ponesti all'uman corso. Ahi perché dopo
Le travagliose strade, almen la meta 65
Non ci prescriver lieta? anzi colei[15]
Che per certo futura
Portiam sempre, vivendo, innanzi all'alma,
Colei che i nostri danni
Ebber solo conforto, 70
Velar di neri panni,
Cinger d'ombra sì trista,
E spaventoso in vista[16]
Più d'ogni flutto dimostrarci il porto?

    Già se sventura è questo 75
Morir che tu destini

[12] Da qualsiasi parte. *Sensibil prole*: le creature animate, gli esseri dotati di senso.
[13] Anche dalla vita, e non solo dalla morte.
[14] Costruisci: e hai posto questa (*la morte*) come meta inevitabile, legge immutabile al viaggio dell'uomo.
[15] La morte.
[16] A vedersi.

A tutti noi che senza colpa, ignari,
Né volontari al vivere abbandoni,
Certo ha chi more invidiabil sorte 80
A colui che[17] la morte
Sente de' cari suoi. Che se nel vero,
Com'io per fermo estimo,
Il vivere è sventura,
Grazia il morir, chi però mai potrebbe,
Quel che pur si dovrebbe, 85
Desiar de' suoi cari il giorno estremo,
Per dover egli scemo
Rimaner di se stesso[18],
Veder d'in su la soglia levar via
La diletta persona 90
Con chi[19] passato avrà molt'anni insieme,
E dire a quella addio senz'altra speme
Di riscontrarla ancora
Per la mondana via[20];
Poi solitario abbandonato in terra, 95
Guardando attorno, all'ore ai lochi usati
Rimemorar la scorsa compagnia?
Come, ahi come, o natura, il cor ti soffre
Di strappar dalle braccia
All'amico l'amico, 100
Al fratello il fratello,
La prole al genitore,
All'amante l'amore: e l'uno estinto,
L'altro in vita serbar? Come potesti
Far necessario in noi 105
Tanto dolor, che sopravviva amando

---

[17] Degna di invidia da parte di chi. *Nel vero*: veramente.
[18] Privato di sé.
[19] Con cui.
[20] Il cammino della vita, nel mondo.

Al mortale il mortal? Ma da natura[21]
Altro negli atti suoi
Che nostro male o nostro ben si cura.

---

[21] Da parte della natura – dipende dall'impersonale *si cura* del v. 109.

SOPRA IL RITRATTO DI UNA BELLA DONNA
SCOLPITO NEL MONUMENTO
SEPOLCRALE DELLA MEDESIMA[1]

   Tal[2] fosti: or qui sotterra
Polve e scheletro sei. Su l'ossa e il fango
Immobilmente collocato invano,
Muto, mirando dell'etadi il volo,   5
Sta, di memoria solo
E di dolor custode, il simulacro[3]
Della scorsa beltà. Quel dolce sguardo,
Che tremar fe', se, come or sembra, immoto
In altrui s'affisò; quel labbro, ond'alto[4]
Par, come d'urna piena,   10
Traboccare il piacer; quel collo, cinto
Già di desio[5]; quell'amorosa mano,
Che spesso, ove fu porta,
Sentì gelida far la man che strinse;
E il seno, onde[6] la gente   15
Visibilmente di pallor si tinse,
Furo alcun tempo: or fango
Ed ossa sei: la vista
Vituperosa e trista un sasso asconde.

---

[1] Strofe libere di endecasillabi e settenari. Per la datazione, cfr. la nota 1 al canto precedente.
[2] Quale sei raffigurata nel ritratto.
[3] L'effigie; il ritratto, appunto.
[4] Costruisci: da cui sembra traboccare profondo (*alto*) il piacere.
[5] Intendi: contemplato da tanti con desiderio, quasi circondato dal loro sguardo.
[6] Per il quale.

    Così riduce il fato   20
Qual[7] sembianza fra noi parve più viva
Immagine del ciel. Misterio eterno
Dell'esser nostro. Oggi d'eccelsi, immensi
Pensieri e sensi inenarrabil fonte,
Beltà grandeggia, e pare,   25
Quale splendor vibrato
Da natura immortal su queste arene[8],
Di sovrumani fati,
Di fortunati regni e d'aurei mondi
Segno e sicura spene   30
Dare al mortale stato:
Diman, per lieve forza[9],
Sozzo a vedere, abominoso, abbietto
Divien quel che fu dianzi
Quasi angelico aspetto,   35
E dalle menti insieme[10]
Quel che da lui moveva
Ammirabil concetto, si dilegua.

    Desiderii infiniti
E visioni altere[11]   40
Crea nel vago pensiere,
Per natural virtù, dotto concento[12];
Onde per mar delizioso, arcano
Erra lo spirto umano,
Quasi come a diporto   45
Ardito notator per l'Oceano:
Ma se un discorde accento

---

[7] Qualsiasi.
[8] Come un raggio vibrato da un essere divino sul deserto della vita.
[9] Per una violenza anche minima che ne determina la fine.
[10] Costruisci: e insieme si dilegua dall'animo quell'immagine meravigliosa che si generava da esso.
[11] Elevate.
[12] Armonia ordita sapientemente.

Fere l'orecchio, in nulla
Torna quel paradiso in un momento.

   Natura umana, or come,
Se frale in tutto e vile, 50
Se polve ed ombra sei, tant'alto senti?
Se in parte anco gentile[13],
Come i più degni tuoi moti e pensieri
Son così di leggeri 55
Da sì basse cagioni e desti e spenti[14]?

---

[13] Se anche in parte sei nobile (e non *frale in tutto e vile*).
[14] Destati e spenti dal fiorire e dallo sfiorire della bellezza.

LA GINESTRA
O IL FIORE DEL DESERTO[1]

Καὶ ἠγάπησαν οἱ ἄνθρωποι μᾶλλον τὸ σχότος ἢ τὸ φῶς.
E gli uomini vollero piuttosto le tenebre che la luce.

Giovanni, III, 19

   Qui su l'arida schiena
Del formidabil[2] monte
Sterminator Vesevo,
La qual[3] null'altro allegra arbor né fiore,
Tuoi cespi solitari intorno spargi,   5
Odorata ginestra,
Contenta[4] dei deserti. Anco ti vidi
De' tuoi steli abbellir l'erme contrade
Che cingon la cittade
La qual fu donna[5] de' mortali un tempo,   10
E del perduto impero
Par che col grave e taciturno aspetto
Faccian fede e ricordo al passeggero.
Or ti riveggo in questo suol, di tristi
Lochi e dal mondo abbandonati amante,   15
E d'afflitte fortune[6] ognor compagna.
Questi campi cosparsi
Di ceneri infeconde, e ricoperti
Dell'impietrata lava,
Che sotto i passi al peregrin risona;   20
Dove s'annida e si contorce al sole

---

[1] Strofe libere di endecasillabi e settenari. Composto a Torre del Greco, nel 1836, quando il Leopardi era ospite nella villa Ferrigni alle falde del Vesuvio.

[2] Nel suo valore etimologico: che suscita spavento. *Vesevo:* lat., Vesuvio.

[3] Cioè la *schiena*, il dorso della montagna, è oggetto di *allegra*.

[4] Paga.

[5] Lat., signora, dominatrice: Roma.

[6] Gloria decaduta.

La serpe, e dove al noto
Cavernoso covil torna il coniglio;
Fur liete ville e colti[7],
E biondeggiàr di spiche, e risonaro   25
Di muggito d'armenti;
Fur giardini e palagi,
Agli ozi[8] de' potenti
Gradito ospizio; e fur città famose[9],
Che coi torrenti suoi l'altero monte   30
Dall'ignea bocca fulminando oppresse
Con gli abitanti insieme. Or tutto intorno
Una ruina involve[10],
Dove tu siedi, o fior gentile, e quasi
I danni altrui commiserando, al cielo   35
Di dolcissimo odor mandi un profumo,
Che il deserto consola. A queste piagge[11]
Venga colui che d'esaltar con lode
Il nostro stato ha in uso, e vegga quanto
È il gener nostro in cura   40
All'amante natura. E la possanza
Qui con giusta misura
Anco estimar potrà dell'uman seme,
Cui la dura nutrice[12], ov'ei men teme,
Con lieve moto in un momento annulla   45
In parte, e può con moti
Poco men lievi ancor subitamente
Annichilare in tutto.
Dipinte in queste rive

---

[7] Campi coltivati.
[8] Come sempre, nel significato latino di "tempo libero dalle occupazioni pubbliche".
[9] Ercolano, Pompei e Stabia, distrutte dall'eruzione del 79 d.C.
[10] Una sola, uniforme rovina avvolge.
[11] Luoghi.
[12] La natura; *cui*: che.

Son dell'umana gente 50
Le magnifiche sorti e progressive[13].

   Qui mira e qui ti specchia,
Secol superbo e sciocco,
Che il calle insino allora
Dal risorto pensier segnato innanti[14] 55
Abbandonasti, e volti addietro i passi,
Del ritornar ti vanti,
E procedere il chiami.
Al tuo pargoleggiar[15] gl'ingegni tutti,
Di cui lor sorte rea padre ti fece 60
Vanno adulando, ancora
Ch'a ludibrio talora
T'abbian fra sé[16]. Non io
Con tal vergogna scenderò sotterra;
Ma il disprezzo piuttosto che si serra 65
Di te nel petto mio,
Mostrato avrò quanto si possa aperto:
Ben ch'io sappia che obblio
Preme chi troppo all'età propria increbbe[17].
Di questo mal, che teco 70
Mi fia comune, assai finor mi rido.
Libertà vai sognando, e servo a un tempo

---

[13] Sono parole di Terenzio Mamiani, che il Leopardi (tra l'altro era suo cugino) riprende ironicamente; il Mamiani nella *Dedica* del 1832 ai suoi *Inni Sacri*, muovendo dalla tesi secondo la quale «la vita civile comincia dalla religione», parlava poi della legge evangelica come appello agli uomini affinché si amino vicendevolmente «come uguali e fratelli, chiamati a condurre ad effetto con savia reciprocanza di virtù e di fatiche le sorti magnifiche e progressive dell'umanità».

[14] Che hai abbandonato la strada fino ad allora tracciata dal pensiero risorto nel Rinascimento e proseguito nell'Illuminismo.

[15] Vaneggiare infantile.

[16] Per quanto talora dentro di sé ti scherniscano.

[17] Opprime chi troppo è dispiaciuto alla sua età; ma tale oblio colpirà peraltro non solo lui, ma anche il secolo tutto.

Vuoi di novo il pensiero[18],
Sol per cui risorgemmo
Dalla barbarie in parte, e per cui solo 75
Si cresce in civiltà, che sola in meglio
Guida i pubblici fati[19].
Così ti spiacque il vero
Dell'aspra sorte e del depresso loco
Che natura ci diè. Per questo il tergo 80
Vigliaccamente rivolgesti al lume[20]
Che il fe' palese: e, fuggitivo, appelli
Vil chi lui segue, e solo
Magnanimo colui
Che sé schernendo o gli altri, astuto o folle, 85
Fin sopra gli astri il mortal grado estolle[21].

   Uom di povero stato e membra inferme
Che sia dell'alma generoso ed alto[22],
Non chiama sé né stima
Ricco d'or né gagliardo, 90
E di splendida vita o di valente
Persona infra la gente
Non fa risibil mostra;
Ma sé di forza e di tesor mendico[23]
Lascia parer senza vergogna, e noma 95
Parlando, apertamente, e di sue cose
Fa stima al vero uguale.

---

[18] Ti limiti a sognare la libertà e intanto operi per asservire nuovamente al dogma il pensiero grazie al quale soltanto (*sol per cui*) ecc.
[19] Le sorti della comunità umana.
[20] Il pensiero, appunto, illuministico, che rese palese la verità della condizione umana, non protetta da alcuna provvidenza.
[21] Esalta al di sopra delle stelle.
[22] Magnanimo e nobile per quanto invece riguarda l'animo.
[23] Privo di forza e ricchezza.

Magnanimo animale[24]
Non credo io già, ma stolto,
Quel che nato a perir, nutrito in pene, 100
Dice, a goder son fatto,
E di fetido orgoglio
Empie le carte, eccelsi fati e nove
Felicità, quali il ciel tutto ignora,
Non pur quest'orbe[25], promettendo in terra 105
A popoli che un'onda
Di mar commosso, un fiato
D'aura maligna, un sotterraneo crollo[26]
Distrugge sì, che avanza
A gran pena di lor la rimembranza. 110
Nobil natura è quella
Che a sollevar s'ardisce
Gli occhi mortali incontra
Al comun fato, e che con franca lingua,
Nulla al ver detraendo, 115
Confessa il mal che ci fu dato in sorte,
E il basso stato e frale;
Quella che grande e forte
Mostra sé nel soffrir, né gli odii e l'ire
Fraterne, ancor più gravi 120
D'ogni altro danno, accresce
Alle miserie sue, l'uomo incolpando
Del suo dolor, ma dà la colpa a quella
Che veramente è rea, che de' mortali
Madre è di parto e di voler matrigna[27]. 125
Costei chiama inimica; e incontro a questa
Congiunta esser pensando,

---

[24] Essere vivente.
[25] Costruisci: promettendo felicità ignorate non solo dalla terra, ma anche dal cielo.
[26] Un maremoto (*commosso*: lat., agitato), una pestilenza, un terremoto
[27] La natura.

Siccome è il vero, ed ordinata in pria[28]
L'umana compagnia,
Tutti fra sé confederati estima   130
Gli uomini, e tutti abbraccia
Con vero amor, porgendo
Valida e pronta ed aspettando aita[29]
Negli alterni perigli e nelle angosce
Della guerra comune. Ed alle offese   135
Dell'uomo armar la destra, e laccio porre
Al vicino ed inciampo,
Stolto[30] crede così qual fora in campo
Cinto d'oste contraria, in sul più vivo
Incalzar degli assalti,   140
Gl'inimici obbliando, acerbe gare
Imprender con gli amici,
E sparger fuga e fulminar col brando
Infra i propri guerrieri.
Così fatti pensieri
Quando fien, come fur[31], palesi al volgo,   145
E quell'orror che primo
Contro l'empia natura
Strinse i mortali in social catena,
Fia ricondotto in parte[32]   150
Da verace saper, l'onesto e il retto
Conversar cittadino,
E giustizia e pietade, altra radice
Avranno allor che non superbe fole[33],
Ove fondata probità del volgo   155

[28] Sin dalle origini.
[29] Aiuto, soccorso.
[30] Con valore neutro: considera cosa stolta, quale sarebbe, in un campo cinto da esercito nemico ecc.
[31] Quando saranno, come già altra volta furono: intendi, nell'età della rivoluzione francese.
[32] Sarà, in parte, rinnovato negli animi dalla conoscenza della verità.
[33] Le credenze religiose, che vedono nell'uomo una creatura privilegiata.

Così star suole in piede
Quale star può quel ch'ha in error la sede.

   Sovente in queste rive,
Che, desolate, a bruno
Veste il flutto indurato[34], e par che ondeggi,   160
Seggo la notte; e su la mesta landa
In purissimo azzurro
Veggo dall'alto fiammeggiar le stelle,
Cui di lontan fa specchio
Il mare, e tutto di scintille in giro   165
Per lo vòto seren brillare il mondo.
E poi che gli occhi a quelle luci appunto,
Ch'a lor sembrano un punto,
E sono immense, in guisa
Che un punto a petto a lor[35] son terra e mare   170
Veracemente; a cui
L'uomo non pur, ma questo
Globo ove l'uomo è nulla,
Sconosciuto è del tutto; e quando miro
Quegli ancor più senz'alcun fin remoti   175
Nodi quasi di stelle[36],
Ch'a noi paion qual nebbia, a cui non l'uomo
E non la terra sol, ma tutte in uno,
Del numero infinite e della mole,
Con l'aureo sole insiem, le nostre stelle   180
O sono ignote, o così paion come
Essi alla terra, un punto
Di luce nebulosa; al pensier mio
Che sembri allora, o prole
Dell'uomo? E rimembrando   185
Il tuo stato quaggiù, di cui fa segno

---

[34] La lava pietrificata.
[35] A confronto di esse.
[36] Le nebulose.

Il suol ch'io premo, e poi dall'altra parte,
Che te signora e fine
Credi tu data al Tutto, e quante volte
Favoleggiar ti piacque, in questo oscuro   190
Granel di sabbia, il qual di terra ha nome,
Per tua cagion, dell'universe cose
Scender gli autori[37], e conversar sovente
Co' tuoi piacevolmente, e che i derisi
Sogni rinnovellando[38], ai saggi insulta   195
Fin la presente età, che in conoscenza
Ed in civil costume
Sembra tutte avanzar; qual moto allora,
Mortal prole infelice, o qual pensiero
Verso te finalmente il cor m'assale?   200
Non so se il riso o la pietà prevale.

   Come d'arbor cadendo un picciol pomo,
Cui[39] là nel tardo autunno
Maturità senz'altra forza atterra,
D'un popol di formiche i dolci alberghi,   205
Cavati in molle gleba[40]
Con gran lavoro, e l'opre
E le ricchezze ch'adunate a prova
Con lungo affaticar l'assidua gente[41]
Avea provvidamente al tempo estivo,   210
Schiaccia, diserta[42] e copre
In un punto; così d'alto piombando,

---

[37] Ti piacque favoleggiare che scendessero gli dei, interessati alla tua vita.
[38] Rinnovando il sogno spiritualistico e antropocentrico, dissolto dalla critica settecentesca.
[39] Che: oggetto di *atterra*.
[40] Scavati nella molle terra.
[41] Che con lunga fatica le laboriose formiche avevano a gara raccolte.
[42] Distrugge.

Dall'utero[43] tonante
Scagliata al ciel profondo,
Di ceneri e di pomici e di sassi   215
Notte e ruina, infusa[44]
Di bollenti ruscelli,
O pel montano fianco
Furiosa tra l'erba
Di liquefatti massi   220
E di metalli e d'infocata arena
Scendendo immensa piena,
Le cittadi che il mar là su l'estremo
Lido aspergea[45], confuse
E infranse e ricoperse   225
In pochi istanti: onde su quelle or pasce
La capra, e città nove
Sorgon dall'altra banda[46], a cui sgabello
Son le sepolte, e le prostrate mura
L'arduo[47] monte al suo piè quasi calpesta.   230
Non ha natura al seme
Dell'uom più stima o cura
Che alla formica: e se più rara in quello
Che nell'altra è la strage,
Non avvien ciò d'altronde   235
Fuor che l'uom sue prosapie ha men feconde[48].

Ben mille ed ottocento
Anni varcàr poi che spariro, oppressi

---

[43] Dalle viscere del vulcano.
[44] Mescolata.
[45] Bagnava.
[46] Intendi: dalla parte verso il mare, la terra fu lasciata a pascolo; più sopra, dalla parte verso il monte, sorsero nuovi borghi.
[47] Alto, inaccessibile.
[48] Per altra ragione, se non perché le generazioni dell'uomo sono meno feconde.

Dall'ignea forza, i popolati seggi[49]
E il villanello intento   240
Ai vigneti, che a stento in questi campi
Nutre la morta zolla e incenerita,
Ancor leva lo sguardo
Sospettoso alla vetta
Fatal, che nulla mai[50] fatta più mite   245
Ancor siede tremenda, ancor minaccia
A lui strage ed ai figli ed agli averi
Lor poverelli. E spesso
Il meschino in sul tetto
Dell'ostel villereccio[51], alla vagante   250
Aura giacendo tutta notte insonne,
E balzando più volte, esplora il corso
Del temuto bollor[52], che si riversa
Dall'inesausto grembo
Su l'arenoso dorso, a cui[53] riluce   255
Di Capri la marina
E di Napoli il porto e Mergellina.
E se appressar lo vede, o se nel cupo
Del domestico pozzo ode mai l'acqua
Fervendo gorgogliar, desta i figliuoli,   260
Desta la moglie in fretta, e via, con quanto
Di lor cose rapir posson, fuggendo,
Vede lontan l'usato
Suo nido, e il picciol campo,
Che gli fu dalla fame unico schermo[54],   .265
Preda al flutto rovente,

[49] Le sedi abitate; *ignea*: del fuoco.
[50] Per nulla affatto.
[51] Della rustica dimora. *Alla vagante aura*: all'aperto.
[52] Della lava.
[53] Al bagliore del quale (*bollor*: o anche del *dorso*, ricoperto dalla lava incandescente).
[54] Difesa.

Che crepitando giunge, e inesorato
Durabilmente sovra quei si spiega.
Torna al celeste raggio
Dopo l'antica obblivion l'estinta 270
Pompei, come sepolto
Scheletro, cui di terra
Avarizia o pietà rende all'aperto[55];
E dal deserto foro
Diritto infra le file 275
Dei mozzi colonnati il peregrino
Lunge contempla il bipartito giogo[56]
E la cresta fumante,
Che alla sparsa ruina ancor minaccia.
E nell'orror della secreta[57] notte 280
Per li vacui teatri,
Per li templi deformi[58] e per le rotte
Case, ove i parti il pipistrello asconde,
Come sinistra face
Che per vòti palagi atra s'aggiri, 285
Corre il baglior della funerea lava,
Che di lontan per l'ombre
Rosseggia e i lochi intorno intorno tinge.
Così, dell'uomo ignara e dell'etadi
Ch'ei chiama antiche, e del seguir che fanno 290
Dopo gli avi i nepoti[59],
Sta natura ognor verde, anzi procede
Per sì lungo cammino

---

[55] Che dalla terra la cupidigia o la pietà disseppellisce.
[56] Da lontano contempla la doppia cima del massiccio; il Vesuvio, appunto, e il monte Somma.
[57] Che tutto cela.
[58] Che hanno perso, nella rovina, la loro bellezza.
[59] E del succedersi delle generazioni. *Verde*: giovane.

Che sembra star[60]. Caggiono i regni intanto,
Passan genti e linguaggi: ella nol vede: 295
E l'uom d'eternità s'arroga il vanto.

E tu, lenta[61] ginestra,
Che di selve odorate
Queste campagne dispogliate adorni,
Anche tu presto alla crudel possanza 300
Soccomberai del sotterraneo foco,
Che ritornando al loco
Già noto, stenderà l'avaro[62] lembo
Su tue molli foreste. E piegherai
Sotto il fascio[63] mortal non renitente 305
Il tuo capo innocente:
Ma non piegato insino allora indarno
Codardamente supplicando innanzi
Al futuro oppressor; ma non eretto
Con forsennato orgoglio inver le stelle, 310
Né sul deserto, dove
E la sede e i natali
Non per voler ma per fortuna[64] avesti;
Ma più saggia, ma tanto
Meno inferma dell'uom, quanto le frali 315
Tue stirpi non credesti
O dal fato o da te fatte immortali.

[60] I suoi mutamenti sono così lenti, che sembra immobile. *Caggiono*: cadono.
[61] Lat., pieghevole, flessibile. *Selve* (e più sotto *foreste*): cespugli.
[62] Lat., avido.
[63] Peso. *Non renitente*: senza opporre resistenza.
[64] Caso.

IL TRAMONTO DELLA LUNA[1]

   Quale[2] in notte solinga,
Sovra campagne inargentate ed acque,
Là 've[3] zefiro aleggia,
E mille vaghi aspetti
E ingannevoli obbietti   5
Fingon[4] l'ombre lontane
Infra l'onde tranquille
E rami e siepi e collinette e ville;
Giunta al confin del cielo,
Dietro Apennino od Alpe, o del Tirreno   10
Nell'infinito seno
Scende la luna; e si scolora il mondo;
Spariscon l'ombre, ed una[5]
Oscurità la valle e il monte imbruna;
Orba[6] la notte resta,   15
E cantando, con mesta melodia,
L'estremo albor della fuggente luce,
Che dianzi gli fu duce[7],
Saluta il carrettier dalla sua via.

   Tal si dilegua, e tale   20
Lascia l'età mortale

---

[1] Strofe libere di endecasillabi e settenari. Composto nel 1836, quando il Leopardi era ospite presso la villa Ferrigni, alle falde del Vesuvio.
[2] Va unito a *scende la luna* del v. 12; e gli risponde *Tal* del v. 20: come... così.
[3] Là dove.
[4] Danno forma a. Soggetto è *l'ombra*.
[5] Una sola, uniforme.
[6] Priva di luce.
[7] Guida.

La giovinezza. In fuga
Van l'ombre e le sembianze
Dei dilettosi inganni; e vengon meno
Le lontane speranze, 25
Ove s'appoggia la mortal natura.
Abbandonata, oscura
Resta la vita. In lei porgendo il guardo,
Cerca il confuso viatore invano
Del cammin lungo che avanzar si sente 30
Meta o ragione; e vede
Che a sé l'umana sede,
Esso a lei veramente è fatto estrano.

  Troppo felice e lieta
Nostra misera sorte 35
Parve lassù[8], se il giovanile stato,
Dove ogni ben di mille pene è frutto,
Durasse tutto della vita il corso.
Troppo mite decreto
Quel che sentenzia ogni animale a morte, 40
S'anco mezza la via[9]
Lor non si desse in pria
Della terribil morte assai più dura.
D'intelletti immortali
Degno trovato[10], estremo 45
Di tutti i mali, ritrovàr gli eterni
La vecchiezza, ove fosse
Incolume il desio, la speme estinta,
Secche le fonti del piacer, le pene
Maggiori sempre, e non più dato il bene. 50

[8] In cielo, agli dei.
[9] Non bastava la morte: era necessario che metà della vita, l'età matura e la vecchiaia, fosse peggio della morte.
[10] Invenzione.

    Voi, collinette e piagge,
Caduto lo splendor che all'occidente
Inargentava della notte il velo,
Orfane[11] ancor gran tempo
Non resterete: che dall'altra parte   55
Tosto vedrete il cielo
Imbiancar novamente, e sorger l'alba:
Alla qual poscia seguitando il sole,
E folgorando intorno
Con sue fiamme possenti,   60
Di lucidi torrenti
Inonderà con voi gli eterei campi[12].
Ma la vita mortal, poi che la bella
Giovinezza sparì, non si colora
D'altra luce giammai, né d'altra aurora.   65
Vedova è insino al fine; ed alla notte
Che l'altre etadi[13] oscura,
Segno poser gli Dei la sepoltura.

---

[11] Prive di luce.
[12] Inonderà voi e il cielo con torrenti di luce.
[13] La maturità e la vecchiaia, appunto. *Segno*: meta.

IMITAZIONE[1]

   Lungi dal proprio ramo,
Povera foglia frale,
Dove vai tu? – Dal faggio
Là dov'io nacqui, mi divise il vento.
Esso, tornando, a volo　　　　　　　　　　5
Dal bosco alla campagna,
Dalla valle mi porta alla montagna.
Seco perpetuamente
Vo pellegrina, e tutto l'altro ignoro.
Vo dove ogni altra cosa,　　　　　　　　　10
Dove naturalmente
Va la foglia di rosa,
E la foglia d'alloro.

---

[1] Libero rifacimento da una favola di A.V. Arnault (1766-1834), che il Leopardi presumibilmente poté leggere su «Lo Spettatore» del 1818 (XI, 12); ma la composizione del canto va assegnata a una data posteriore al 1828, per il metro usato (strofa libera di endecasillabi e settenari).

POSTFAZIONE

IL «VERO» DI LEOPARDI[*]

Nell'ininterrotto discorso su Leopardi e nel sottinteso della sua attualità permanente, il cui presupposto è indiscutibilmente la sovrana purezza del *canto*, avevo già notato qualche tempo addietro, e oggi lo ribadisco, che i filosofi e gli uomini di scienza, delle varie scienze, si erano ampiamente sostituiti in questi anni recenti agli esegeti e ai critici e insomma agli studiosi del mero fenomeno letterario, fatta eccezione per la filologia che ha continuato egregiamente a fare il suo lavoro. È un rilievo che mi pare si possa estendere a tutti i paesi nei quali l'opera di Leopardi va con una innaturale lentezza tuttavia progressivamente penetrando: in molti di essi sappiamo del resto che è stato più facile far filtrare la parte di riflessione e di pensiero che quella lirica, dalle disperate se non impossibili equivalenze.

E qui c'è già una prima fondamentale contraddizione che va registrata a gloria della complessità e multiformità della natura umana anche là dove è più determinata e segnata da una vocazione, come appunto nel caso di Leopardi.

L'ingenuità e la commozione primaria del *canto* sono sempre state in cima ai pensieri e alle aspirazioni di Giacomo lettore e autore di poesie. Le ha, si può dire, glorificate in tutti i modi; primo, certo, l'intimo abbandono a quella profonda e semplice emotività che avrebbe da Pisa, nel 1828, chiamata il «cuore di una volta». Ep-

[*] Discorso preparato nell'autunno 1994 per una lettura presso il Centro Nazionale di Studi Leopardiani di Recanati, tenutasi nel gennaio 1996.

pure quella grazia ammirata nei grandi esempi e concessa a lui si colloca ideologicamente tra i miti, visto lo stato di soggezione alla mentalità critica della scienza e dalla filosofia moderna.

Di questa ultima c'è un giudizio essenziale e, direi, definitivo nella pagina in cui la accusa di essere separata dalla natura e di essersi data a un lavoro oscuro di riparazioni e di rammendi. Solo in questo senso egli si è dissociato dai filosofi, proprio mentre affermava la *sua* filosofia, il suo sistema che è, come negli antichi, l'esperienza e l'osservazione della vita, della natura, della società.

La vera filosofia non si contrappone alla poesia; essa non limita né spegne i puri e forti sentimenti dai quali nasce l'incanto della poesia. È dunque una filosofia riconquistata alle sue ragioni primarie, guarita dalla frivolezza e dai tecnicismi di scuola, che può annoverarlo tra i suoi cultori; e ad essa asserisce con convinzione il suo buon diritto di appartenere come originale testimone. La filosofia, è vero, esprime una mente più educata alla mediazione, ma la fonte è comune: è la natura. La filosofia cerca il vero, e la poesia il bello, e in questo sembrano divergere. Ma il bello che Leopardi persegue non è certo il bello neoclassico degli enciclopedisti, o del Parini o del Monti che lo hanno teorizzato nei decenni anteriori a lui; il bello che egli riconosce come poetico è quello proveniente dalla assuefazione e dunque dalla consuetudine con la vita naturale. Nella natura poesia e filosofia si incontrano, anzi non si sono mai separate. Ecco dunque che quella del vero è una ricerca non antitetica a quella del bello, vale a dire quella del vero poetico, sicché potranno sempre colludere e fondersi come accade più liricamente nell'*Infinito* e negli altri *Idilli* e più meditativamente nei canti della maturità, *Il canto del pastore errante* e la suprema *Ginestra*. Ma il fatto è, e va ricordato, che mentre scrupolosamente ne registrava la distinzione teorica, proprio lui, Leopardi, regalava alla poesia moderna questa esigenza innovativa di rifuggire dalla bellezza astratta o convenuta e dai suoi canoni. Il che vuol dire inoculare una sostanziale tensione alla verità dei pensieri e dei sentimenti che ha poi variamente operato, ma che non si può disconoscere come denominatore generale della cultura poetica moderna. Si deve proprio a quella acquisizione se l'opera poetica ha nei tempi moderni tagliato i ponti e non ha avuto più a che vedere con la costruzione di monumenti della retorica.

Il dualismo poesia-filosofia esiste dunque come distinzione di forme mentali e di qualità del sentire soprattutto relativo alle varie epoche, e non è in realtà, lo abbiamo visto, una vera contrapposizione, perché consente alla poesia di vedersi proiettata in una stagione oggettivamente impoetica, come è secondo Leopardi la modernità, e obbligata a ricercare il suo sogno tutto *in interiore*. Ed è questo un altro carattere della creazione letteraria moderna che viene in luce. Solo mediante l'interiorizzazione del mondo, il mondo nei tempi moderni può parlare poeticamente al poeta. E questa consapevolezza di una evoluzione filosofica troppo matura che ha sottratto ingenuità all'uomo è dovuta ancora alla filosofia: alla filosofia naturale, beninteso, che Leopardi predilige e riconosce: alla filosofia dunque si deve anche l'invenzione di una via d'uscita alle inibizioni poetiche del mondo moderno.

Questa intima cooperazione, diciamo pure dualistica, sviluppa in Leopardi di conserva attitudini convenienti all'uno e all'altro versante. Si può dunque leggere con ogni riguardo quella sentenza dello *Zibaldone* che dice: «È tanto mirabile quanto vero, che la poesia la quale cer-

ca per sua naturale proprietà il bello, e la filosofia che essenzialmente ricerca il vero, cioè la cosa più contraria al bello, sieno le facoltà più affini tra loro, tanto che il vero poeta è sommamente disposto a essere un gran filosofo; e il filosofo a essere un gran poeta, anzi né l'uno né l'altro non può esser nel gener suo né perfetto né grande s'ei non partecipa più che mediocremente dell'altro genere, quanto all'indole primitiva dell'ingegno alla disposizione naturale, alla forza dell'immaginazione».
Ma quella cooperazione recondita e decisiva non è possibile con la scienza. Quello della scienza è tutt'altro problema. Quale sia il reale atteggiamento dello spirito e della psiche leopardiana nei riguardi delle inoppugnabili acquisizioni scientifiche è argomento molto trattato in questi anni, in sé e in rapporto con l'idea e con l'ideologia del progresso. E tuttavia credo meriti ancora qualche sommaria riflessione. Prima del ventaglio di pensieri difensivi che si aprono nel confronto con la scienza o, peggio, con lo scientismo, va dato il giusto peso alla relativa mobilità delle valutazioni. Non sempre il punto di resistenza e neppure il punto di vista sono ostili e negativi nella stessa maniera, pur rimanendo costante il rammarico per il loro prevalere, che Leopardi subisce come figlio di una patria invasa e perdente. Più specificamente, lo possiamo verificare, sono opinioni pregiudiziali avverse, effetto vero e proprio di un apriori psichico di renitenza simile a quello degli abitudinari sloggiati dal loro paradiso. Le imputazioni, i rilievi limitativi e spesso denigratori nei riguardi della scienza sconfinano nella nullità e vanità del sapere umano; insistono sulle anguste conseguenze morali, misurano la perdita di quella grandezza che l'immaginazione conferiva alle idee e alle azioni umane. C'è una mala disposizione di uomo nella tranquilla profondità dei suoi studi: ancora assuefazione, dunque, violata.

Ma quando viene *La primavera o delle favole antiche*, allora il discorso leopardiano sul tema della inesorabile trasformazione del mondo moderno si spiega in tutto il suo pathos. Il *vero* della scienza che non è quello poetico e neppure il vero naturale a cui la filosofia aspira, spoglia il mondo di favole e di errori ma lo riempie di solitudine. Si capisce allora che il patema leopardiano non è accademico e conservatore; si capisce più precisamente che l'apparente avversione alla scienza non significa disconoscimento del suo valore, ma riluttanza al suo regime che ora si inaugura. Cioè è per la piena coscienza subito acquisita della sua importanza e per la irrefutabile autorità dei suoi verdetti che il poeta drammatizza la scienza. Ben altrimenti che per la chiusura dell'idillismo e del classicismo accademico, è la lucida intelligenza del portato dell'era scientifica sopravveniente ad affliggerlo e nello stesso tempo ad incuriosirlo. Leopardi non nasconde infatti il capo sotto la sabbia: siamo informati dallo *Zibaldone* e poi da altre fonti, come i registri del Vieusseux, o dalle carte napoletane, delle letture e degli aggiornamenti nei vari campi delle scienze in auge. L'irritazione poteva permanere verso gli euforici e gli ottimisti tipo Terenzio Mamiani, e insomma verso i *nuovi credenti* che la fase di particolare espansione illuminista si portava dietro, ma questo non diminuiva il rispetto e l'attenzione al lavoro dei grandi scienziati del tempo.

Il dualismo scienza–poesia è ben più conciliabile dell'altro tra filosofia e poesia. Per opera di questo l'umanità cambia corso. Leopardi si rende conto con estrema prontezza che il mondo, l'uomo, non sarà più com'era. Il contraccolpo per lui è forte, è drammatico. E proprio in questo sentimento si apre la modernità. La modernità è vissuta dai più grandi poeti come dramma. La poesia resta a riconnettere nel profondo l'unità del sentire umano che la storia ha sconvolto. Leopardi è il primo a operare per questo, la poesia lo ha assistito fino a questo punto.

Ma il problema della scienza lo si intende meglio se collegato con l'altro del progresso. Il concetto-mito di progresso, nato in epoca illuministica, è ovviamente legato al procedere del lavoro scientifico e delle sue applicazioni. L'idea di progressione umana che Leopardi può intrattenere, sebbene con palese sconforto, riguarda la crescita del sapere e della civiltà. E anche in questo tema è da distinguere il fastidio per i facili, ottimistici entusiasmi, per lo più letterari, dal rispetto per il lavoro degli scienziati vero e proprio. Leopardi considera con lucidità impareggiabile la doppia natura dell'incremento scientifico: è interessato non meno di qualunque altro spirito vivo all'ampliamento delle cognizioni e anche ai vantaggi sociali che la tecnica già consente e più ancora promette. Ma l'ambiguità di questo processo è altrettanto chiara, palese – e perché no – prevalentemente valutata dal suo pessimismo di indole. Le riserve sulla mediocrità morale e sulla perdita di naturalezza di siffatto periodo della storia si ripetono nelle pagine dello *Zibaldone* e altrove: tutto il degrado che si accompagna a quel *gradus* è messo in luce e perfino cercato col lanternino. Ma analogamente a Rousseau, al suo Rousseau, mai dalla penna di Leopardi si potrebbe aspettarci una abiura. Quello che invece risulta è l'impavido coraggio intellettuale di guardare in faccia il tempo presente, le sue ambizioni, i suoi pericoli, le sue rovine probabili, la sua difficile speranza.

MARIO LUZI

SOMMARIO

5   Nota di edizione
7   *La coscienza religiosa di fronte alla poesia di Leopardi*
    di Luigi Giussani

CARA BELTÀ...

31 Il passero solitario
34 Bruto Minore
40 Alla primavera o delle favole antiche
45 L'infinito
46 La sera del dì di festa
48 Alla luna
49 La vita solitaria
53 Alla sua donna
56 A Silvia
59 Le ricordanze
66 Canto notturno di un pastore errante dell'Asia
72 La quiete dopo la tempesta
75 Il sabato del villaggio
77 Il pensiero dominante
84 A se stesso
85 Aspasia
90 Sopra un basso rilievo antico sepolcrale
95 Sopra il ritratto di una bella donna
98 La ginestra o il fiore del deserto
110 Il tramonto della luna
113 Imitazione

115 *Il «vero» di Leopardi* di Mario Luzi

BUR
Periodico settimanale: 25 luglio 1996
Direttore responsabile: Evaldo Violo
Registr. Trib. di Milano n. 68 del 1°-3-74
Spedizione in abbonamento postale TR edit.
Aut. n. 51804 del 30-7-46 della Direzione PP.TT. di Milano
Finito di stampare nel luglio 1996 presso
lo stabilimento Allestimenti Grafici Sud
Via Cancelliera 46, Ariccia RM
Printed in Italy

I LIBRI DELLO SPIRITO CRISTIANO

volumi pubblicati

Luigi Amicone
Sulle tracce di Cristo

Paul Bourget
I nostri atti ci seguono
Il senso della morte

Gilbert Cesbron
È mezzanotte dottor Schweitzer
Cani perduti senza collare

Henri Daniel-Rops
Morte dov'è la tua vittoria?

T.S. Eliot
Cori da «La Rocca»

Angelo Gatti
Ilia ed Alberto

Luigi Giussani
L'avvenimento cristiano
Uomo, Chiesa, Mondo
Il senso di Dio e l'uomo moderno
Si può vivere così?
Il tempo e il tempio
Le mie letture

Henrik Ibsen
Brand

Gertrud von Le Fort
L'ultima al patibolo

Michail Novoselov
Lettere agli amici

Charles Moeller
Letteratura moderna
e Cristianesimo

Emmanuel Mounier
Lettere sul dolore

Ada Negri
Mia giovinezza

John Henry Newman
Il cuore del mondo

Sigrid Undset
Kristin figlia
di Lavrans

* * *
Vangelo e storicità
Un dibattito

ISBN 88-17-11132-5